KEEP RUNNING
꾸준함이 주는 선물

모두를 위한 러닝

저 자 | 서주호 지음

가벼운 러닝을 통한 긍정적인 몸과 마음
행복한 러닝의 마인드셋을 공유하고 싶습니다.
—— 유튜브 채널 『런주호』

비엠북스   Q

KEEP RUNNING
꾸준함이 주는 선물

저 자 ǀ 서주호 지음

모두를 위한 러닝

가벼운 러닝을 통한 긍정적인 몸과 마음
행복한 러닝의 마인드셋을 공유하고 싶습니다.
──── 유튜브 채널 『런주호』

비엠북스 Q

사회에서 만난 달리기하는 동갑내기 친구.

건강 때문에 시작한 달리기에서 10km, 20km, 풀코스까지 주호와 함께 해서 가능한 것 같았다.

나이를 먹을수록 달리기가 좋아진 과정을 누구보다 잘 아는 주호가 독자들에게 좋은 러닝 전도사가 되길.

– 기안84

　선수도 아닌 친구가 저렇게 열심히 한다니, 나도 더 열심히 해야지.

　나도 30년 넘게 운동선수로 살아왔지만, 주호를 만나고 오면 나도 마음을 다시 잡고 밖에 나가 달리기를 하곤 했다.

　달리기를 사랑하던, 자극제 같던 친구가 큰 센터의 대표가 되고 책을 냈다. 책은 주호의 열정과 경험과 고민의 집약체였다.

　프로구단에서 나오고 내 센터를 처음 운영할 때, 이런 책이 있었으면 나도 시행착오를 덜 겪지 않았을까.

　친구로서가 아니라 동종 업계 종사자로서도 참 배울 게 많다. 독자들 또한 나와 같은 생각을 할 것이라고 확신한다.

- 최강야구 전 프로야구선수 서동욱

　필자와 본인은 15년전 함께 광고를 촬영하다가 광고모델로 만났습니다. 그때 잘생기고 긍정적이고 밝은 성격의 주호는 너무 좋은 에너지로 상대방을 밝혀주는 20대 중반의 아주 멋진 배우였습니다. 그렇게 12년이라는 시간이 지나서 다시 만나 필자와 저는 동아마라톤 피니쉬지점인 종합운동장에서 다시 만나게 되었고 풀코스를 뛰어보겠다는 포부를 밝히며 유튜브도 시작하겠다며 그때나 지금이나 많은 사람들에게 밝은 에너지를 전달하는 건 같았습니다. 그리고 진짜 풀코스를 뛰고, 유튜브를 시작하더니 어릴 적 보지 못했던 다른 한가지가 더 생겼습니다.

　동기유발 그리고 꾸준함.

　꾸준함과 긍정적인 사고가 만나면 어떤 시너지가 생기는지를 알려주는 런주호의 좌충우돌 러닝이야기.

　누군가는 1등하겠지! 기록보다는 같이의 가치! 가치러닝의 세계에 독자분들도 이 책을 통해 빠져들게 될 것입니다.

배우 고한민

　달리기는 단순히 몸을 단련하는 것을 넘어, 마음에 안정, 즐거운, 긍정적 에너지를 만들어 주는 운동입니다. 이 책은 달리면서 느낄 수 있는 즐거움을 누구나 쉽게 실천할 수 있도록 안내해 주고 있습니다.

　매일 조금씩 달리기를 생활화함으로써 우리는 더 나은 삶을 살아갈 수 있습니다. 이 책은 그 첫걸음을 내디딜 수 있는 힘이 될 것입니다. 이미 달리고 있지만 더 나은 방법을 찾고자 하는 이들에게도 큰 도움이 될 것입니다.

　저자에게, 그리고 이 책이 많은 사람들에게 건강과 행복을 선사할 수 있기를 진심으로 기원합니다.

전 마라톤 국가대표 출신 박명현 런콥 감독

러너 서주호라는 사람은 긍정 에너지 그 자체이다.

영화나 광고를 촬영할 때 어린아이들에게 달리는 장면을 지시하면 뛰다가 무조건 웃음이 터져서 제대로 된 장면을 촬영할 수 없다는 감독의 인터뷰를 본 적이 있다.

그렇다. 우리 모두는 뛰고 싶고, 웃고 싶고, 러너스 하이를 경험하고 싶어한다. 러너 서주호는 늘 웃는 얼굴로, 늘 친절하게, 늘 듬직한 모습으로 처음 뛰는 사람이든, 잘 달리는 러너든, 모든 사람들을 러닝의 매력에 빠지게 만드는 사람이다. 아마 그를 경험한 사람이라면 누구나 그에 대해서 하나같이 긍정적이고 따뜻한 사람이라고 입을 모아 이야기할 것이다. 그가 쓴 첫 번째 책인 <모두를 위한 러닝>은 마치 그처럼 친절하고 긍정적인 글로 당신을 러닝의 매력에 푹 빠지게 만들 것이다.

- (주)업드림코리아 대표이사 이지웅

2

실용 파트
(노하우에 관한 이야기)

3

부상을 줄이는 방법
(러닝 아나토미 : 부상/컨디셔닝 파트)

지독히도 남의 말을 듣지 않았던 나!

4

러닝 실력을 늘리는 방법
(초급/중급)

5

러너의 영양 관리

에필로그   **205**

워밍업

▌러닝, 몸과 마음을 깨우는 진귀한 예술

발을 구를 때마다 느끼는 숨결과, 땀방울이 그리는 궤적. 러닝은 단순한 운동을 넘어, 마음과 몸을 깨우는 예술입니다. 천천히 달리면서 느끼는 풍경의 변화, 오감과 교감하는 자연의 속삭임, 그리고 내면의 목소리에 귀 기울이는 순간. 러닝은 우리에게 건강과 행복 이상의 것을 선물합니다.

▌나의 러닝 이야기, 삶의 새로운 가능성을 향한 여정

이 책은 러닝으로 삶을 바꾼 런주호, 바로 나의 이야기입니다. 러닝을 시작하며 나를 발견하고, 새로운 가능성을 열었던 과정을 담았습니다. 마음

챙김을 위한 마인드풀 러닝, 스토리텔링이 더해진 스토리 러닝, 시각장애인과 가이드가 함께하는 가이드 러닝, 환경과 건강을 동시에 지키는 플로깅 러닝까지. 다양한 러닝 경험을 통해 러닝이 주는 진짜 즐거움을 찾았습니다.

▌함께 나아가는 러닝, 더 넓은 세상을 향한 도약

러닝은 여러분을 더 넓은 세상으로 이끌어 줄 것입니다. 새로운 사람들, 새로운 경험, 그리고 새로운 나와 만나는 즐거움을 느껴보세요. "빨리 가려면 혼자 가고, 멀리 가려면 함께 가라" 라는 아프리카 속담처럼 함께하는 러닝은 더욱 풍요로운 경험을 선사합니다.

▌나눌수록 더 커지는, 러닝의 즐거움

이 책은 당신의 러닝 여정을 응원합니다. 단 한 사람이라도 이 책을 통해 러닝의 즐거움을 알게 된다면 정말 보람 있고 행복할 것입니다. 러닝과 함께 더 건강하고 행복한 삶을 향해 나아가길 온 마음으로 바랍니다.

일반인 서주호에서,
런주호로

번아웃 때문에
일상으로부터 런했던 내가
러닝을 하게 된 이유

▌내가 빠르게 뛰었던 날은 오로지 횡단보도 신호가 깜빡일 때

살아오면서 빠르게 달려본 적을 손에 꼽을 정도로, '뛴다'는 행위는 저에게 정말 힘들고 싫은 일이었습니다. 번아웃 증후군에 시달리던 어느 날, 어김없이 야식과 술에 절어 잠에 들었던 저는, 알람 소리도 못 듣고 늦잠을 자다가 급하게 옷만 걸치고 출근을 위해 집에서 나오게 되었죠.

그날은 정말 중요한 업무 일정이 있어서, 절대로 늦어서는 안 되는 날이었습니다. 집에서 나와 큰 길가 너머에 위치한 버스 정류장까지의 거리가 약 300m 정도 되었던 걸로 기억합니다. 이미 버스는 정류장에 대기 중이었고, 버스에 타려면 저는 꼭 횡단보도를 건너야 했습니다. 신호가 바뀌고 저는 있는 힘을 다해 내달리기 시작했습니다. 정말 최선을 다해 뛰었어요. 그러나 횡단보도의 절반 정도에 이르렀을 때 다시 신호가 바뀌고, 중앙 차선에 갇히게 되었습니다.

결국 지각 확정되는 순간이었습니다. 내 앞뒤로 지나가는 차들, 그 안에서 나를 비웃는 듯한 소리와 표정들이 상상되었고, 스스로에게 실망하고 자책하는 마음이 매 순간 기하급수적으로 커졌습니다. 사실 아무도 신경 쓰지 않았을 텐데 말이죠. 그 크고 넓고 차가운 횡단보도 한가운데서 좌절감에 눈물이 났습니다.

30대, 앞으로 10년은 더 일할 수 있을까? 불안하고 불확실한 미래, 여러 가지 생각들이 머릿속을 불안하게 헤집어 놓고 복잡하게 만들었어요. 이런 심리 상태 때문에 집에서는 항상, 침대를 놔두고 거실 소파에서 술과 함께 잠들었습니다. 그것이 계속 악순환의 고리를 만든다는 사실을 모른 채 말입니다.

<꾸준히 운동을 하기 전 월 1~2회 즐기던 사회인야구 때 모습 - 이 후 체중이 계속 증가>

▌출근길 지하철에서 공황장애가 찾아온 스토리

또 소파에서 일어나 무거운 몸과 마음을 이끌고, 어제 먹다 남은 배달 음식을 한쪽에 밀어놓습니다. 고양이도 울고 갈 세수법으로 대충 씻고 모자를 푹 눌러쓰고 출근을 해봅니다. 지옥철이 왔습니다. 오늘따라 유난히 사람들이 많고 더 답답하게 느껴집니다. 평소처럼 스마트폰만을 보며 무의미하고 지겨운, 무려 한 시간 '씩'이나 되는 출근길에 나섭니다. 지옥철이 막 출발한 그때, 지하철 문이 닫힘과 동시에 내 숨도 순간 닫힌 느낌이 들었습니다. 숨을 못 쉬어서 얼굴이 창백해졌습니다. 죽을 것 같다는 공포감이 더욱 강하게 나를 조여왔습니다. 다음 역에 바로 내려서 간신히 숨을 쉬어보려 필사적으로 노력해 봤어요. 식은땀이 흐르고, 두 손은 차가워졌습니다. 바쁘게 출근하는 수많은 사람들을 벗어나 제자리에 주저앉았습니다. 출근길 지하철이 그때의 저에겐 '지옥행 급행열차' 같았습니다.

그렇습니다. 또 지각입니다.

모든 것이 귀찮고 무기력했고, 아무것도 하기 싫었습니다. 그렇게 반복되는 불안감과 공허한 일상이 무겁게 나를 잡아 끌어내리고 있었습니다.

▌병원에서 진단을 받은 스토리

그날, 도저히 견딜 수 없던 저는 직장과 가까운 역삼역 근처의 '정신과'를 검색해 봤습니다. 생각보다 병원이 많아서 깜짝 놀랐습니다. 그리고 정신건강과 관련한 기관에는 정신건강의학과와 심리상담소가 있다는 것을 알게 되었습니다. 이전에도 가본 적이 없었고 앞으로도 가볼 일이 없을 곳이라 생각해서인지 조금 떨리기도 했지만, 지푸라기라도 잡는 심정으로 정신과에 진료 및 상담 예약을 했습니다.

예약한 병원에 도착하니, 접수처에 계신 간호사님이 매우 자연스럽게 접수를 해주셨습니다. 간단한 신상 정보를 작성하고 대기실에서 기다렸습니다. '여기까지 온 게 맞는 걸까? 내가 너무 나약한 건 아닐까?' 하는 생각이 들었습니다. 또 그냥 막연히 불안하고 창피하기도 했습니다. 이윽고 제 차례가 되었고, 진료실에 들어가서 의사 선생님께 어렵게 입을 열었습니다. 그러고는 말하기 시작했습니다.

처음에는 무슨 이야기를 해야 할지 몰라 어색했지만, 의사 선생님께서 편안하게 몇 마디 질문을 던지며 대화를 이끌어주셔서 조금씩 제 이야기를 할 수 있었습니다. 그다음부터는 누가 시킨 것도 아닌데, 이야기를 계속 쉬지 않고 해나갔어요. 무엇이 힘들었고, 무엇이 고민이고, 무엇이 불안한지, 마치 고해성사를 하는 것 같았습니다. 선생님은 그저 듣고만 계셨습니다. 오히려 선생님의 그 방식, 즉 저를 쏟아내는 것이 그 당시 저에겐 제일 큰 위로였다는 것을 진료 상담이 끝난 후에야 알았습니다. 입에선 수많은 말이 튀어나왔고, 동시에 눈에선 고름처럼 마음속에 쌓여있던 스트레스와 함께 눈물들이 흘러내렸습니다.

저에게는 이야기할 상대와, 해소할 눈물(Good Cry)이 필요했던 걸까요? 흘린 눈물의 양과 반비례해서 마음은 가벼워졌습니다. 마음의 상처에 마데카솔을 바른 듯한 기분이었습니다. 가벼운 초기 감기를 방치하면, 여러 가지 합병증을 가져오는 중증으로 발전하듯, 남자답게! 또 '요즘 젊은 것들'처럼 쉼없이 앞만 보고 달려오며 어느새인가 스스로를 '방치'해서 이렇게 번 아웃이 온 게 아닐까요?

상담이 끝나고 처방전을 받은 후 약국에서 약을 받으면서, 뭔가 먹먹하고 답답했던 가슴 한 켠이 꽤 많이 시원해진 느낌이 들었습니다. 동시에 이번 일을 계기로 나 자신을 더 잘 돌봐야겠다는 생각을 했습니다.

'앞으론 울고 싶을 땐, 남자답게 울자!'

▋ '우연한' 계기로 시작한 러닝

그날부터 대략 일주일은 꼬박꼬박 빼먹지 않고 약을 챙겨 먹기 시작했습니다. 약을 복용하면서 좋았던 점은, 더 이상 술의 도움을 받지 않고도 잠을 잘 수 있었다는 것! 하지만 일주일 정도 약에 의존해 잠을 자다 보니 평상시에도 내가 잠을 자는건지, 피로가 풀린 건지, 알 수 없는 몽롱한 지경에 이르렀죠. 오히려 약이 제 감정을 회색으로 너무 건조하게 조절을 해준 것이었습니다.

일주일 치 약을 거의 다 먹어가던 어느 날 저녁이었습니다. 문득 답답하다는 느낌이 들어 무작정 집 앞으로 나갔습니다. 운동할 생각으로 나간 게 아니라 무작정 나가봤어요. 그러다 하천을 따라 걷기 시작했습니다. 그러자 익숙하면서도 낯선 풀 내음이 느껴지고, ASMR에서나 들었던 물 흐르는 소리가 들려왔습니다. 무작정 걷다 보니 한 시간 정도가 흘러 있었습니다. 다시 집으로 돌아와 거실 TV를 켜고 소파에 앉았습니다. 잠시 눈을 감았다가 뜨니 다음 날 아침이었습니다. 기분이 꽤 상쾌했습니다. 이전과 똑같이 소파에서 자고 일어났는데 말이죠.

산책 덕분이란 생각에 그다음 날에도, 그다음 날에도 또 나가서 걷기 시작했습니다. 한동안은 늦은 심야 시간에 어두운색 운동복을 입고 하천으로 나갔습니다. 살찐 모습이 창피했고 움직일 때마다 같이, 파도처럼 흔들리는 살들을 사람들에게 보여주기 싫었기 때문 이었습니다(사실 아무도 저를 신경 쓰지 않는다는 것을 그땐 몰랐습니다).

그러다 알 수 없는 자신감이 가슴 깊은 곳에서 올라오는 느낌을 받았고 그날은 힘차게 뛰어보기도 했습니다. 하지만 통증과 함께 바로 깨달았습니다. 무릎이 아팠습니다. 아직은 몸이 준비 부족이란 생각이 들었죠. 저는 조급한 마음을 뒤로하고 다시 천천히 걷기 시작했습니다.

어느새 약이 떨어졌고 병원 처방으로 약을 받아왔지만, 산책을 꾸준히 하게 되면서 약을 잘 먹지 않게 되었습니다. 좋은 신호였습니다. 저의 마음의 건강이 점점 좋아지고 있다는 증거였으니까요!

<걷기부터 가볍게 러닝을 꾸준히 시작하게 된 하천변 주로>

운동이 주는 정신적 신체적 효과를 알리고자 이 책을 쓰고 있는 지금까지도 전 계속 노력하고 있습니다. 저는 체육 전공자가 아니지만, 정말 크게 건강을 잃어봤고 정신적으로 신체적으로 침몰되는 것을 직접 경험한 '일반인'이기에 그 누구보다도 여러분의 아픔에 감히 공감 할 수 있다고 생각합니다.

그렇기 때문에 여러분 중 단 한 분이라도, 제 경험을 공유하는 이 책을 읽으며 다이어트 즉, 건강한 삶을 찾는 데 성공한다면 퇴근 후 바쁜 일정 속에서 틈틈이 글을 써 내려온 시간과 노력이 가치있고 소중한 시간으로 저에게 각인될거라 믿습니다.

▌살자! 살자! 뛰자!

2018~2019년 당시 저는 체중이 120kg가 넘었죠. 그동안 1시간은 걸어 봤지만 1km이상을 내 의지만으로 쉬지 않고 달려본 적은 없었습니다(군대에서의 행군을 제외한다면 말이죠).

저의 기억에 러닝이라는 건, 학창 시절 내신을 위해 어쩔 수 없이 뛰어야만 하는, 기록에 의해 등급이 매겨지는 힘들고 고통스러운 행위로 남아있었습니다.

번아웃 이후, 우울증 진단을 받고, 잠깐이었지만 처방받은 약에 너무 의존하다 보니, 어느 순간 약에 지배당하게 되었습니다. 먹지 않으면 불안했고, 언제 어디서 또 공황장애가 찾아올지 모른다는 불안감에 항상 약을 꼭 가지고 다녔습니다. 약을 먹으면 감정의 기복이 없어지면서 의욕도 없어졌고, 결국엔 좋지 않은 생각까지 하게 되었습니다.

약에 의존해 생활하던 어느 날, 퇴근 후 견디기 힘든 우울감과 무기력감에 급하게 약을 먹으면서 술도 함께 마셨습니다. 그 결과 술과 약 모두에 취해서 창밖을 바라보며 더 편한 방법이 뭐가 있을까 하는 생각이 들었습니다. 뒤이어 이 고통스러운 마음을 쉬게 해주고 싶다는 생각을 하며, 가족에게 편지를 썼습니다. 정말 다행히 그대로 다시 거실 소파에서 잠이 들어 안 좋은 일이 벌어지지는 않았지만, 다음 날 거실 테이블 위에 올려진 편지를 읽고 너무 깜짝 놀랐습니다. 유서에서나 볼 수 있는 내용들이었거든요.

이날 저녁부터, 전날 내가 생각하고 실행에 옮긴 것들이 더욱 안 좋은 방향으로 발전하고 결과를 낼까 봐 두렵고 무서웠습니다. 그리고 가족에게도 미안한 마음이 들었습니다.

복잡한 마음을 안고 집 안에 있는게 너무 힘들어서 잠시 바람을 쐬러 산책을 나가게 되었습니다. 바로 이 순간이, 그 선택이 지금의 런주호를 만든 계기였다는 것을 전혀 예상하지 못했습니다.

그렇게 산책을 나간(도망을 친!) 그 장소는 제가 평소에 지나가던 길이었고, 아무런 의미를 찾지 못했던 길이었습니다. 그런데 만약 이게 오늘 내가 마지막으로 걷는 길일 수도 있다는 생각을 하니, 내 안의 무언가가 나를 한 번 더 붙잡는 느낌이 들었습니다.

그 후 마치 무언가에 홀린듯이 마음이 답답할때면 약을 먹는 대신 산책을 선택했습니다. 처음에는 풀벌레 소리가, 그다음에는 하천의 물소리가 들렸습니다. 또 산책로에 마중 나온 달팽이나 도마뱀, 개구리처럼 작은 친구들을 다시 풀숲으로 돌려보내 주다 보니, 어느새 저는 산책의 매력에 빠지게 되었고, 그 산책은 회색이었던 일상에서 벗어나 새로운 세상으로 향하는 문을 열어주었습니다. 그러면서 점점 감사하게도 항우울제가 필요한 순간과 복용 횟수가 조금씩 줄어들기 시작했습니다.

그리고 몇 달이 흘렀을까요. 꾸준히 그리고 천천히 걸어 왔더니 몸과 마음이 점점 가벼워졌고, 다시 조금씩 뛰어 보기 시작했습니다.

100m를 뛰고 힘들면 다시 100m를 걸었습니다. 그렇게 한 주가 지나고 150m를 뛰어도 이전보다 확실히 호흡도 편하고 다리도 아프지 않았습니다. 스스로 점점 무언가가 좋아지는 걸 조금씩 체감해 가고 있었습니다. 몸이 가벼워지면서 자연스레 야식도 줄이게 되었고, 컨디션이 좋아지면서 주 3~4회 야식 대신 주3~4회 산책과 가볍게 걷는 산책을 하게 되었습니다.

그렇게 한 주, 한 달, 그리고 일년이 흘러갔습니다.

여러분 지금부터는 고통스럽기만 했던 러닝과 제가 어떻게 친구가 되었는지, 그리고 그 후 어떻게 42.195km를 완주할 수 있었는지, 지난 수 년간 제가 직접 경험해온 내용을 토대로 저만의 꿀팁을 공유해 드려보겠습니다.

▎5km, 그 이상 러닝을 할 수 있다? 10km 러너가 되는 법!

앞에서 말한 대로 정말 점점 컨디션이 좋아지면서 조금씩 러닝을 할 수 있는 거리가 늘어나기 시작했습니다.

체중이 드라마틱하게 빠지진 않았지만, 야식과 술로 스트레스를 풀었던 몇 달 전과 다르게 마음의 고름을 짜내고 염증을 가라 앉히는 저만의 좋은 루틴이 생긴 것입니다!

그렇게 꾸준히 러닝을 하게되니, 점점 러닝 거리가 1km가 3km가 되고, 3km가 5km가 되면서 그 이상의 거리인 10km도 큰 부담이라는 생각이 들지 않게 되었습니다. 물론 처음 1km를 걷는것 조차 힘들어 했던 제가요!

시간이 또 조금 흘러 봄바람이 불고 벚꽃이 피는 계절이 왔습니다. 따스한 햇살 아래 모든 세상이 기지개를 켜는 그때, 러닝을 하던 저의 스마트워치에서 7km를 알리는 음성이 들려왔습니다. 까맣고 단단했던 껍질을 깨고 마침내 세상으로 나온 듯한 느낌을 받았습니다. 그동안 꾸준히 지속해 온 노력과 습관 덕분에 얻은 결과였습니다. 바람을 느끼며 땅을 박차고 앞으로 나아가던 그 때, 행복하고 감사하며 여러가지 생각이 머리를 스치는 그 순간 다리를 멈추고 오랜만에 시원한 바람을 느끼며 싱그러운 하늘을 올려다봤습니다.

이제는 슬프고 답답하고 속상해서가 아니라 저 스스로가 참 고맙고 대견해서 눈물이 흘렀습니다. 이렇게 저는 또 다시 사는 느낌을 받게되었죠.

이때까지의 경험을 바탕으로 특별한 각오와 동기 없이, 자연스럽게

5~10km라는 거리를 러닝할 수 있었던 저만의 규칙 6가지를 말씀드리겠습니다.

1. 욕심내지 않기

가장 중요한 것은 욕심을 내지 않는 것입니다. 처음부터 무리하게 먼 거리를 가려고 하면 금방 지쳐버리고 포기하게 되죠. 짧은 거리부터 시작해서 점차 거리를 늘려가는 것이 중요합니다. 또 지속 시간을 늘려가는 방법도 있습니다. 저는 1분 러닝, 2분 걷기처럼 러닝을 지속하는 시간을 늘려갔어요.

2. 몸 상태에 맞춰 속도 조절하기

러닝을 할 때 먼저 몸 상태를 체크하고 조금씩 속도를 높이거나 줄여가며 완급 조절을 했습니다. 숨이 너무 가쁘거나 다리가 아프면 속도를 줄이거나 때로는 걷는 것이 좋습니다. 이미 스포츠과학 이론에서도 많이 연구된 존2 (Zone 2)[1] 러닝이라고 합니다. 무리하게 러닝을 하면 부상을 입을 수 있기 때문에 항상 주의해야 하고요. 저의 경우, 거의 모든 러닝을 처음에는 느린 속도로 시작해서 컨디션을 최대한 조절했습니다. 물론 아직까지도 제 거의 모든 러닝의 강도는 존2 러닝을 하고 있습니다.

. . . .
1) 존2 (Zone 2)란?
심박수를 기반으로 운동 강도를 5개 구간으로 나눈 체계입니다. 이는 미국 심장 협회 (AHA)에서 제시한 운동 강도 구간과 유사하지만, 존2는 개인의 최대 심박수(HRmax)를 기반으로 계산하기 때문에 보다 개인 맞춤화된 운동 강도를 제공합니다.

존2 러닝

3. 즐기는 마음으로 러닝하기

러닝을 억지로 하는 것이 아니라 즐기는 마음으로 하는 것이 중요합니다. 좋아하는 음악을 들으면서, 아름다운 풍경을 감상하면서 러닝을 하면 훨씬 즐겁게 달릴 수 있죠. 저의 경우, 좋아하는 음악을 듣거나 주변을 구경하면서 러닝할 때 힘든 줄도, 시간 가는 줄도 몰랐어요.

존2의 5개 구간:
1. 존 1 (50-60% HRmax): 매우 가벼운 운동, 회복 또는 워밍업에 적합
2. 존 2 (60-70% HRmax): 가벼운 운동, 지방 연소에 효과적, 장시간 유지 가능
3. 존 3 (70-80% HRmax): 중간 강도 운동, 근력 및 지구력 향상에 효과적
4. 존 4 (80-90% HRmax): 고강도 운동, 무산소 능력 향상에 효과적, 단기간 유지 가능
5. 존 5 (90-100% HRmax): 최대 강도 운동, 순발력 및 근력 향상에 효과적, 매우 단기간 유지 가능

4. 러닝 파트너 찾기

특히 초보 러너 시절에는 혼자 러닝을 하는 것보다 기회가 될 때마다 다른 사람들과 함께 러닝을 하는 것이 좋습니다. 그러면 좀 더 즐겁고 꾸준하게 할 수 있어요. 러닝 파트너(크루)를 찾아 함께 목표를 세우고 러닝하면 서로 동기 부여를 할 수 있죠. 저는 선배나 후배, 사회생활에서 알게 된 지인들과 스케줄이 맞을 때면 같이 러닝을 했습니다. 함께하면 서로 의지가 되어 조금 덜 힘드니까요!

5. 충분한 휴식과 영양 섭취

꾸준한 러닝과 함께 충분한 휴식과 영양 섭취가 필요합니다. 이전에 저는 러닝을 하면서 종종 컨디션 저하가 되는 일이 많아 고민했습니다. 그러던 중, 충분한 휴식과 영양 섭취가 러너에게 얼마나 중요한지 깨달았습니다.

- 규칙적인 수면

저는 매일 밤 11시에 잠자리에 들고(최대한!) 오전 7시에 일어나는 규칙적인 수면 패턴을 유지하기 시작했습니다. 매일 TV를 켜놓고 자는 대신 숙면을 위해 침실은 어둡고 조용하게 유지하고, 잠들기 전에는 카페인 섭취를 피하고 온수로 반신욕을 한 후에 잠자리에 들었습니다.

- 적절한 휴식과 크로스 트레이닝

러닝 후에는 충분한 휴식을 취하여 근육 회복을 돕고 부상을 예방합니다. 또 러닝을 제외한 다른 종목 운동(크로스 트레이닝)을 통해 자칫 러닝을 지루하게 느낄 수 있는 마음을 없애고 컨디션을 유지했습니다. 쉽게 할 수 있는 등산과 웨이트트레이닝도 주중에 섞어서 운동의 비중을 조절했습니다.

- 균형 잡힌 식단

영양학을 따로 공부 한적은 없지만, 유튜브나 각종 자료를 찾아서 탄, 단, 지(탄수화물, 단백질, 지방)를 섭취하기 시작했습니다. 평소 일반식을 먹더라도 단백질이 부족하다고 판단이 되면 편의점에서 닭가슴살이나 두부를 추가로 섭취하기도 했구요. 가급적 덜 짜게, 덜 달게 먹으려 신경을 쓰기 시작했습니다. 또 과거보다 더 자주 물도 충분히 마셔 몸의 컨디션을 유지하는 데 신경을 쓰기 시작했습니다.

이러한 노력으로 저는 컨디션을 크게 개선하고 운동시 효율성도 향상시킬 수 있었습니다. 러너 여러분도 충분한 휴식과 영양 섭취로 건강하고 행복한 러닝을 즐기시길 바랍니다!

6. 스스로를 칭찬하기

목표 거리에 도달하면 자신을 칭찬하고 격려하는 것도 중요합니다. 단기간 작은 목표를 달성하고 나면 자신감이 생기고 이는 꾸준히 달릴 수 있는 원동력이 되죠. 저의 경우, 목표 거리에 도달하면 스스로에게 작은 선물을 하거나 좋아하는 음식을 먹으며 스스로를 칭찬하고 보상을 줬습니다.

▌ 마무리

꾸준한 노력과 몇 가지 꿀팁 덕분에 초보 러너였던 저는 5~10km 거리를 부담 없이 완주할 수 있게 되었죠! 그리고 러닝을 통해 건강을 얻고, 스트레스를 해소하며, 삶의 활력을 얻었고, 마침내 더 이상 우울증 약을 먹지 않게 되었습니다.

러닝은 꾸준히 하려면 의지와 노력이 무조건 우선입니다. 어렵고 힘들어 보이겠지만 꾸준히 즐겁게 러닝하는 사람에게는 건강과 행복이라는 큰 보상이 기다리고 있습니다. 우리 모두 할 수 있습니다!

이봐 달려봤어?
러닝이 선물해 준
몸과 마음의 변화

▌ 런린이의 삶, 그리고 첫 완주의 맛! 10km 미니마라톤대회를 나가다!

어느덧 달려온 지 반년 정도 지났을까, 우연히 TV에서 2019 JTBC 마라톤대회 광고를 봤습니다. 10km라는 어마무시한 거리를 한번 도전해 보고 싶었습니다. 이 때까지도 사실 10km는 조금은 부담스러운 거리였지만요.

무언가를 처음으로 내 힘으로 꾸준히 해내는 과정에서 자신감이 붙는 중이었습니다. 그래서 5km는 확실히 달릴 수 있고 나머지 5km는 걸어서라도 들어오면 된다는 생각에 덥석 신청을 해버렸습니다. 사전 연습 삼아 지역 소규모 마라톤인 한성백제마라톤대회도 신청을 해두었습니다. 불과 반 년 전의 저는 절대로 하지 않을 무모한 짓이었지만, 지금의 내 몸과 마음의 상태라면 한번 해볼만 하다고 생각했으니까요.

처음이었습니다. 시끌벅적한 축제 분위기 속에서 밝게 웃는 얼굴들로 형형색색의 멋진 러닝화와 운동복으로 패션을 뽐내는 러너들, 부모님 손을 잡고 나온 꼬마 러너부터 내공이 느껴지는 백발의 어르신 러너까지 정말 다양한 사람들이 이 '축제'를 즐기고 있었습니다. 하지만 이런 대회에 처음 참가해 보는 저에게는 정말 긴장되고 정신없는 대혼란의 상황이었어요. 사회자의 진행에 맞춰 스트레칭을 하는 내내 많이 긴장 되고 내가 과연 10km를 대회에서 뛸 수 있을까 두려움과 의구심이 들었습니다.

이윽고 출발을 알리는 총성과 함께 수많은 사람들이 달려나갔습니다. 많은 인파의 흐름에 섞여 엉겁결에 저도 빠르게 달려나갔습니다. 너무 힘들었습니다.

평소에 천천히 조금씩 뛰다가도, 최근에는 몸이 가벼워져서 나름 속도를 좀 낼 수 있다고 생각했는데, 이 날 , 실제 대회는 느낌이 많이 달랐습니다. (알고 보니 전 앞쪽의 잘 뛰는 사람들이랑 서있던 것이었습니다.) 그렇게 숙련된 러너들의 그룹에 페이스에 섞여, 3km도 가기 전에 체력이 바닥나기 시작했습니다.

3km 이후 부터 피니시 라인을 통과하는 그 순간까지 머릿속엔 '힘들다, 그만 뛰고 싶다, 언제 끝나지?' 이 생각만 가득했죠. 물론 결과적으로는 완주를 해 내긴 했습니다. 너무 힘든 경험이였지만 보상으로 생애 첫 마라톤 완주 메달을 받게 되었습니다!

<많은 경험을 얻은 인생 첫 완주 메달>

▌ 런주호의 두 번째 도전 : 피트니스 센터 가기

이 시기에 저는 처음으로 러닝 외에 다른 운동을 시작하게 되었습니다. 그건 바로 근육량을 늘리고, 남은 체지방을 더 빠르게 태워버리기 위한 웨이트트레이닝 입니다. 정확히는 등록만 해두고 기간이 남아있는 헬스장에 몸만 다시 갔을 뿐이었죠.

그리고 수많은 '헬스 초보', 즉 헬린이들이 그러하듯 여러 운동기구들 사이에서 정신과 의지를 잃었습니다. 이것저것 기구만 조금 건드리며 운동하는 척하고 '오운완' 인증을 한 다음 집에 가는 사람을 종종 보셨을 겁니다.

저도 그런 사람들 중 한 명이었죠. 아무래도 잘 모르고 익숙하지 않은 운동들이어서인지 흥미를 느끼기 어려웠고, 그렇기 때문에 지속적으로 운동을 할 수가 없었습니다.

역시 쉬운 건 없었습니다. 웨이트트레이닝은 러닝이랑은 또 다르고, 역시 웨이트트레이닝 분야도 공부가 필요함을 알게 되었습니다. 그래서 제가 러닝을 100m 조깅부터 시작했던 것처럼, 웨이트트레이닝도 그렇게 계획을 세우고 시작했습니다.

유튜브를 보며 기본 명칭과 지식을 배웠고, 주변의 인맥을 최대한 활용해 전문 운동인에게 '쇠동냥'을 다니며 상체와 하체를 조금씩 단련해 나갔습니다. 인바디[2] 기계로 체성분 측정을 주기적으로 하면서 나한테 어떤 부분이 부족한지, 어떤 부분이 밸런스가 맞지 않는지를 객관적으로 수집하고 분석해 가면서 운동을 계획적으로, 그리고 꾸준히 지속했습니다.

웨이트 트레이닝을 병행 하다보니 러닝에 도움이 많이 되고, 또 러닝이 웨이트 트레이닝에도 많은 도움이 된다는 것을 알았습니다.

▌ 런주호의 세 번째 도전 : 바디프로필 촬영

눈물의(대회에서 얻은 부상과 통증 때문에) 첫 10km 마라톤을 성공적으로 완주해 내고, 그 성취감에 도취되어 매일 밤 퇴근 후, 비가 오나 눈이 오나 나가서 러닝을 했습니다. 회복을 위한 휴식도 없이요!

이유는 스스로에게 충분했습니다. 어느새부터인가 우울증 약을 먹지 않아도 되었고, 몸이 가벼워지면서 컨디션도 좋아지는 느낌을 받았으며 특히, 가족과 주변 지인들이 나의 러닝을, 나의 변화를 응원해 주기 시작했던 것입니다.

그러면서 점점 자존감도, 자신감도 높아졌습니다. 웨이트트레이닝과 러닝을 꾸준히 병행하면서, 체중을 약 20kg 빼고난 후 평소 친분이 있던 전

· ·
2) 인바디의 정식 명칭은 생체전기저항분석법 (BIA; Bioelectrical Impedance Analysis)입니다.

문 트레이너 동생의 강력한 권유로 덜컥 바디프로필 촬영에 도전하게 되었습니다. 태어나서 단 한 번도 내 몸에서 복근이라고는 구경해 본 적 없는 저는 계속 거절했지만, 문득 이 또한 못 할 게 없겠다는 이상한 자신감으로 며칠간의 고민 끝에 스튜디오를 찾아 예약금을 바로 보내버렸습니다.

그렇습니다. 이때부터 자리 잡기 시작한것 같습니다. 선 예약 후 실행의 아이콘, 런주호, 나의 캐릭터의 정체성이!

이를 기점으로 목표달성 여부를 떠나 남들도 의아해하고 나 자신도 못 할 것 같다고 생각했던 일들을 빠르게 시작부터 해놓고 보는, 힘들지만 재밌는 쉬지않는 일상 속 도전들이 계속되었습니다. 그렇게 첫 바디프로필 도전은 약 3개월간의 살벌한 다이어트 끝에 나름 성공적으로 마무리되었습니다.

정말 힘들었습니다. 무엇보다 러닝을 해올 때와 다른 운동 방법들, 식단을 더 체계적으로 계획하고 점점 섭취량과 음식 종류를 제한해 가며 체중 감량을 하느라 예민해졌고 또 피로로 인해 더욱 힘들었습니다.

하지만 결과물을 보고, 다시 또 한 번 레벨업을 한 기분이었습니다!

'난 한다면 하는 사람이구나!'

<21년도 1차 바디프로필 촬영>

<23년 후 2차 바디프로필 촬영>

▌TIP. 이런(run)저런(run) 사소한 이야기

러닝과 웨이트를 함께 해도 되나요?

러닝은 모든 스포츠의 기본이 되는 운동으로, 웨이트트레이닝을 하는 사람들도 러닝을 꾸준히 병행하는 것이 좋습니다. 꾸준한 유산소운동은 심장의 분당 최대 박출량을 증가시켜 '스포츠 심장'을 만들어 주고, 이로써 근육에 산소와 영양소가 더 잘 공급되어 근력운동 후 근육의 피로 해소를 도와줍니다.

웨이트를 하면 근육이 생겨서 몸이 더 무거워지고, 에너지 소모량이 많아지니 러닝을 할 때 불리한 것 아니냐고요? 우선 우리 평범한 사람들 대부분이 그 정도까지 운동해서 근육을 비대하게 만드는 경우가 거의 없을뿐더러 적절한 근육과 근력이 생기면 이것이 관절을 안정적으로 보호해 주는 역할을 하기 때문에 장기적인 관점에서는 웨이트를 병행하는 것이 훨씬 더 효율적입니다!

▌물 공포증 극복! - 스쿠버다이버로의 변신

일상에서의 운동 루틴이 어느 정도 제 삶에 녹아들고 나서야, 나에게 조금 더 집중할 '여유'가 조금씩 생기기 시작했어요. 그즈음이 제가 일을 시작한 지 정확히 10년이 되던 해였습니다. 한창 바쁜 시즌이었으나 저를 위해 과감히 한 달이나 휴가를 신청했습니다. 장소는 태국!

<태국으로 계획없이 떠나기를 결심>

방콕 공항에 내리자마자 태국 친구에게 연락이 왔죠.

"어디야? 너 여권이랑 티케팅한 거 인스타그램으로 봤어."

그대로 일주일간 친구에게 잡혀서(?) 친구의 아들과 열심히 놀아주는 삼촌이 되었습니다. 물론 친구덕분에 방콕에서 현지인 맛집도 많이 갈 수 있었습니다!

<태국에서 만난 친구와 조카>

<태국의 아름다운 왓 아룬 사원 야경>

<현지 시장과 맛집 방문>

일주일 정도 흘렀을까요? 며칠 차 아침이었는지는 기억이 잘 나지 않지만 친구네 가족과 아침을 먹고 있던 그 순간! '이러려고 온 게 아닌데…' 하는 생각이 들었습니다. 그제서야 바다도 보고 사람도 보며 진짜 여행을 하고 싶어졌어요.

이전과 똑같은 여행에서 벗어나, 이번 기회에 뭔가 저 자신을 극복할 만한 것이 뭐가 있을까 생각을 해봤습니다. 순간 머리를 스친 스쿠버다이빙!

다시 태국에서의 일주일 차 아침, 친구네 가족과 아침을 먹고 바로 '스쿠버다이빙 자격증 취득'을 검색하기 시작했습니다. 태국의 어디로 가서 배워야 하는지를 찾았죠. 이 또한 순식간에 모든 것을 알아보고 '덜컥' 결정해 버렸습니다.

사실 저는 어릴 적 물에 빠졌던 기억이 정말 큰 트라우마로 남아있었습니다. 그래서 친구들과 여름에 수상레저를 즐기러 가도 물에 빠지는 순간이 너무 무서워서, 괴력을 발휘해 바나나보트에서도, 웨이크보드에서도 '절대' 빠지지 않는 초인적인 힘을 발휘하곤 했습니다. 덕분에 수상레저 웨이크보드나 워터스키 실력은 10년째 그대로입니다.

하지만, 이번에도 역시 망설임도 없이 바로 '푸켓'으로 비행기표를 예약했죠.

친구는 계속 말렸습니다 그 위험한 걸 왜 하러 가냐고!

Tum: "Hey Justin, scuba diving is an extreme sport, it's too dangerous, bro!" (친구야, 스쿠버다이빙은 위험한 스포츠야, 너무 위험해!)

나: "I know thanks for care of me but, I'll be fine, don't worry!" (걱정해 줘서 고마워, 난 괜찮을 거야 걱정하지마!)

그렇게 친구의 걱정과 응원을 동시에 받으며 공항으로 출발 했습니다.

잘 다녀오라는 친구 가족의 배웅과 함께요!

<푸켓으로 가기위한 여정 시작>

<두려움 반 설렘반 잔뜩 긴장한 표정 당시에 COVID-19이 막 확산되던 시기>

<태국 국내선 푸켓행 비행기 탑승 바로 전>

<푸켓에 도착해 현지 버스를 이용해 다이빙센터로 가는 길>

<다이빙 센터에서 교육과 푸켓 바다에서의 교육>

<다이빙 센터에서의 교육>

<푸켓 바다에서 교육받는 모습>

일반인 서주호에서, 런주호로 · 57

<푸켓 바다에서 교육받는 모습>

약 일주일 후, 글을 더 이상 읽지 않아도 이젠 감이 오시죠?

오픈워터 자격증 (최대 18m까지 잠수가 가능한 초급레벨) 과 어드밴스드 오픈워터[3] (최대 40m까지 잠수가 가능한 중급자 레벨) 자격증을 한 번에 모두 취득했습니다!

현재는 여전히 물에 들어가는건 무섭지만, 지구에서 유일하게 우주를 느낄 수 있는 바다속 여행을 보수적으로 안전하게 즐기고 있습니다.

<현재 레스큐 다이버취득 후 마스터 다이버 과정중>

....

3) 스쿠버 다이빙에는 몇 개의 단체가 있지만 세계적으로 가장 유명한 PADI 자격증 기준으로 다음과 같이 레벨이 나뉩니다. 오픈워터, 어드밴스드 오픈워터, 레스큐, 마스터 다이버 등의 단계가 있으며, 일정 레벨의 자격취득 후 동굴다이빙, 야간다이빙 외 많은 특화 기술을 추가로 취득할 수 있습니다.

<현재 레스큐 다이버취득 후 마스터 다이버 과정중>

<위재 레스큐 다이버취득 후 마스터 다이버 과정중>

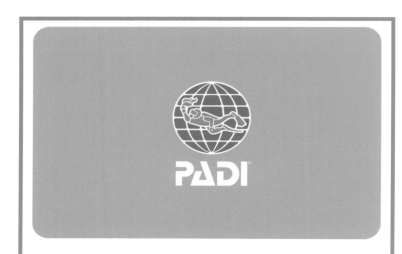

사진 편집하기

Ju Ho Seo

생년월일
06-1월-1985

자격증(CERTIFICATION)
Rescue Diver

인증 날짜
30-8월-2023

PADI 번호

<레스큐 다이버 자격증>

Creating Confidence to Care®

EMERGENCY
first response®

Ju Ho Seo

생년월일
06-1월-1985

사진 편집하기

자격증(CERTIFICATION)
EFR - Primary Care (CPR) & Sec Care (1st) w/ AED
제한 사항들 알아보기

인증 날짜
29-8월-2023

PADI 번호

<EFR 응급구조 자격증>

▌ 러닝이 삶에 美친 아름다운 영향

1. 깨어난 자존감, 나를 향한 믿음

힘들고 고통스럽기만 했던 러닝은 어느새 제 삶의 일부가 되었습니다. 처음 시작했을 때는 기대도 상상도 하지 못했던 일들이 이어졌습니다. 러닝으로 삶의 드라마틱한 변화를 경험하게 되었습니다.

러닝을 시작하기 전, 저는 많은 것을 의심하고 자신 없어 하는 사람이었습니다. 하지만 러닝을 하며 고통과 피로를 극복하는 과정에서 점점 내면의 힘을 발견하기 시작했습니다. 러닝은 단순히 건강을 위한 운동을 넘어, 저에게 '할 수 있다'는 강력한 신념을 심어주었습니다. 이러한 자신감은 단지 러닝에만 국한되지 않고, 삶의 다양한 영역으로 확장되어 갔습니다.

처음 러닝을 시작했을 때는 몇백 미터, 1분을 러닝하는 것조차 힘겨웠습니다. 하지만 시간이 흐르고 꾸준한 노력이 쌓이면서 점점 러닝할 수 있는 거리가 늘어났습니다. 이처럼 점점 성장해 나가는 경험은 스스로에게 큰 성취감을 안겨주었습니다. 이는 삶의 다른 영역에도 긍정적인 영향을 미쳤습니다. 어려운 과제나 도전적인 상황에 직면했을 때, '내가 해왔던 러닝처럼 조금씩 천천히 꾸준히 해나간다면 충분히 이겨낼 수 있다, 그리고 실패해서 중간에 포기해도 괜찮다, 다시 또 시작하면 된다'는 생각이 저에게 큰 힘이 되었습니다.

또한, 러닝은 삶에 긍정적인 에너지를 불어넣어 주었습니다. 러닝을 통해 스트레스를 해소하고 마음의 안정을 찾을 수 있었고, 이는 전반적인 삶의 질을 높였습니다. 바쁜 하루 속에서 러닝을 마치고 나면, 다음 날을 시작할 수 있는 에너지가 생겼고 하루를 정리하며 마무리하는 시간을 보낼 수 있었습니다. 그러면서 일상에 긍정적인 변화가 생겨났습니다.

이처럼 러닝이라는 꾸준한 습관은 삶에 긍정적인 변화를 가져다주었을 뿐만 아니라, 삶을 바라보는 관점을 변화시켜 주었습니다. 어려움과 도전이 닥쳤을 때, 포기하지 않고 꾸준히 노력한다면 결국 원하는 결과를 얻을 수 있다는 것을 깨달았습니다. 이는 앞으로 마주할 다양한 삶의 여정에서 소중한 지침이 될 것입니다.

2. 사람들과 다시 연결, 미(美)친 사회성!

꾸준한 러닝이 제 삶에 미친 아름다운 영향 중 또 하나는 사람들과의 관계에 있습니다. 저는 러닝을 통해 다양한 커뮤니티에 참여하면서 다양한 사람들을 만났습니다. 그들과의 교류 속에서 틀림이 아닌 다른, 새로운 관점을 배우고, 서로를 격려하고 도우며 성장하는 기회를 얻을 수 있었습니다.

이러한 경험은 인간관계에서의 소통과 이해의 폭을 넓히고, 더 나은 사회적 존재가 되도록 도와주었습니다. 또한 이로인해 높아진 자신감은 사회생활에도 긍정적인 영향을 미쳤습니다. 이전에 사람들과의 만남은 저에게 귀찮고, 성가시고 불편한 것이었습니다. 그러나 러닝 이후 용기를 얻고 더욱 밝은 생각과 표정으로 사회생활에 적극적으로 참여할 수 있게 되었습니다. 그리고 가족과 친구들의 인정과 지지, 주변 사람들의 응원은 삶에 큰 힘이 되었습니다. 그 큰 힘은 선순환이 되어 또다시 사람들에게 긍정적인 에너지를 전파할 수 있게 만들어 주었습니다.

3. 미(美)친 몸과 마음의 건강

러닝은 체형과 체력에도 놀라운 변화를 가져다주었습니다. 건강해 보이고 다부진 몸매가 된 것은 물론, 증가한 근골격량(근육량) 덕분에 기초대사량이 높아지고, 활기가 가득해졌습니다. 이처럼 넘치는 에너지는 자신감을 더욱 높여주었습니다. 러닝을 시작하기 전에 받은 건강검진의 결과지와는 180도 달라진 결과지를 받은 것에서 나아가, 큰 성취감과 기쁨을 선물로 받은 기분이었습니다. 또한 곁에서 이 모든 과정을 응원해 준 가족들에게도 당당해진 모습을 보여줄 수 있었습니다.

4. 러닝이 내 삶에 준 미(美)친 선물

러닝은 단순한 운동을 넘어, 삶을 아름답게 변화시킨 소중한 경험입니다. 러닝을 통해 '나'를 찾고, '나'를 성장시키는 기회를 얻었습니다. 여러분도 주저하지 말고 러닝을 시작해 보세요. 감히 제가 장담컨대, 러닝은 여러분에게도 긍정적인 변화와 아름다운 삶을 선물할 것입니다.

▌'러닝 멘탈코치'가 되다

그즈음부터, SNS에서 지인을 포함한 많은 사람들이 런주호의 '러닝라이프'를 보며 그 꾸준함에 동기부여를 받았다는 연락을 해왔습니다. 이때부터 저는 러닝에 대한 질문들을 받기 시작했습니다.

사람들의 질문에 답하며 러닝에 관련된 조언을 해주고, 시간이 맞을 때면 같이 러닝도 하기 시작했습니다.

러닝을 시작하는 입장에서 제가 겪은 어려움과 마음가짐, 어떤 러닝화를 골라야 하는지 등 그동안 구르고 부딪히며 얻은 지식들을 공유하기 시작했습니다. 건강한 삶과 거리가 멀었던 서주호가 건강을 되찾아 가는 과정이 그들에게는 퍽 인상 깊었던 모양이었습니다.

"형, 얼마나 멀리 달려야 해요? 얼마나 빨리 달려야 해요?"

어느 날 대학교 후배가 물었습니다. 그리고 우린 꽤 자주, 만나서 같이 뛰었습니다. 저를 통해 러닝에 입문한 또 다른 지인들과 함께 러닝을 하기도 했습니다. 러닝을 해야하는 거리에 대한 부담감을 없애주는 멘탈코칭을 통해 누구나 쉽고 다치지 않는 꾸준한 러닝을 할 수 있게 최대한 나의 경험을 공유해 줬고, 이제는 그들 모두 꾸준한 러너가 되어 지금은 모두 훌륭한 진짜 러너들이 되었습니다.

▌ 첫 번째 변화 : 런주호가 전파한 꾸준함의 영향력

그렇게 꾸준히 운동 일지를 인스타에 올리다 보니, 인스타그램 팔로워들과 지인들의 착한 감시와 응원이 이어졌습니다. 퇴근이 늦어 평소 포스팅을 하던 시간보다 조금이라도 늦어질 때면, DM과 카톡이 오기 시작했습니다. 어느새부터인가 주변에 꾸준함에 관한 동기부여를 하면서 저 역시 행복한 감시를 당하기 시작한 것입니다!

그 덕분에 '나도 너처럼 뛰어봐야겠다', '형, 저도 러닝 시작했어요!', '러닝화는 뭐가 좋아요?', '살 빼려면 얼마나 자주 뛰어야 해?' 등 꽤 많은 사람들이 런주호를 응원함과 동시에, 마치 전문가에게 질문하듯 이것저것 물어보기 시작했습니다! 그 때마다 최선을 다해 경험과 지식을 공유하기 시작했습니다!

이때부터 누군가에게 꾸준함의 영향력을 전파하고, 또 내가 직접 겪은 경험을 공유하는 일에 대해 더욱 감사하며 보람을 느끼게 되었습니다. (이러한 경험들이 쌓여 현재 여러가지 민간 스포츠 자격증과 함께, 국가공인 생활스포츠지도사 2급 자격증을 보유하게 되었습니다.)

1. 맨발로 완주한 첫 하프마라톤

2023년 초, 이제 러닝도 웨이트도 나름 운동 중급자 정도 되었다고 생각한 때였습니다.

단언코, 절대로, 단 한 번도 10km 이상 마라톤대회는 생각해 본 적 없었지만 가까운 지인의 42.195km 풀마라톤 완주를 보고 난 후, 평소 10km이상 러닝하는건 몸을 혹사시키는것이며, 난 절대 하지 않을거라 확신했던 마음 속에서 또 어떤 무모한 도전의 불씨가 또 살아났습니다. (이젠 익숙하시리라 생각합니다.)

다시 또 '덜컥'… 하프마라톤(21km)을 신청해 버렸죠.

마침 그 시기에 두 번째 바디프로필 준비와 함께 생활스포츠지도자 자격증을(이것 역시 '덜컥' 시험 접수를 한 기억이 있습니다.) 준비하며 새벽 운동-출근-퇴근 후 러닝–생활체육지도자 필기시험 공부, 이렇게 끝나지 않는 뫼비우스의 띠처럼 일상을 똑같은 루틴으로 무한 반복을 하며 약 3개월간 스스로를 몰아 부쳤습니다.

결국 하프마라톤을 1주일 앞두고 족저근막염[4])이 찾아와, 러닝 자체가 거의 불가능한 상태에 이르렀습니다.

대회 당일, 마음속으로 5~10km만 진행하고 통증 때문에 움직일 수 없을 때, 포기해야겠다는 생각으로 조심스레 출발했습니다.

우리의 몸은 거짓말하는 법이 없죠! 출발 총성을 들은 후, 약 1km쯤 지났을까요? 발바닥에서 저릿한 통증이 올라와 더는 레이스에 참여하기 힘들어 포기하려던 순간이었습니다.

저 뒤에서 같이 달려오며 저를 지켜보셨던, 재야의 고수 같은 아우라를 풍기는 어르신께서 "족저근막염에는 줄넘기나 맨발 걷기가 좋아요. 지금 그렇게 아프면 신발 벗고 달려보세요"라고 조언을 해주시고는, 무협소설에나 나오는 도인처럼 맨발로 축지법을 쓰듯 스르륵 달리며 지나가셨습니다.

어차피 코스를 이탈해 쉬려고 해도 현장은 고가도로 위의 주로라 저 앞까지만 가보자는 생각으로 신발을 벗은 다음 양말까지 벗고 천천히 다시 러닝을 시작했습니다.

. . . .
4) 족저근막염은 발바닥에 있는 두꺼운 섬유조직인 족저근막에 염증이 생기는 질환입니다. 족저근막은 발의 아치를 유지하고 충격을 흡수하며 발을 들어올리는 데 중요한 역할을 합니다.

'어 아프지가 않네? 그럼 조금만 더 가보고 아프면 그때 DNF[5]를 하자!'

그렇게 10km를 지나고, 15km를 지나고, 어느새 눈앞에 골인 지점인 상암월드컵 경기장이 보였습니다. '여기까지 맨발로 뛴 것만 해도 잘한 거다.' 이미 제 체력은 바닥나 있었고 저는 스스로와 타협하기 시작했습니다.

바로 그 순간 내 옆을 지나는 노익장 러너들! 하얀 서리를 머리에 이고 구부정한 허리를 한두 분의 멋진 러너가 지나가는 모습을 발견했습니다.

순간 속에서 엄청난 자기반성이 생겨났습니다. 이후 '여기까지 왔으니 조금만 더 가보자'라는 생각이 저의 몸을 움직이게 했습니다. 특히 후반부에는 도로가 아스팔트 공사 중이라 한 발 한 발이 더욱 고통스러웠지만, 그럴수록 더 발을 내디딜 수밖에 없었습니다.

그렇습니다. 결국 맨발로 완주를 해냈습니다.

. . . .
5) DNF = Did not finish (완주하지 못함을 뜻함)

맨발의 하프마라톤

<맨발 투혼 23 서울하프마라톤>

<맨발 투혼 23 서울하프마라톤>

하프마라톤이 끝난 후 내가 왜 아팠는지, 무엇이 부족했는지에 대해 관심이 늘었고, 포털사이트와 유튜브에서 러닝과 관련한 여러 가지 이론과 자료를 다양하게 찾아보고 직접 연습해 보기 시작했습니다.

2. 대청호마라톤 with 기안84 러닝메이트가 되다!

기안84 님과의 인연은 제가 운영하는 바이크 매장에서 시작되었습니다.

저는 유명인이든 일반인이든 관계없이 매장을 방문하는 고객들에게 항상 일관성 있게 응대를 했습니다. 그전에도 수많은 유명인들이 오고 갔지만, 유독 묘하게 기안84 님만큼은 더 관심이 갔습니다.

기안84 님은 언젠가 방송에서 러닝이 취미라고 했고 처음에 러닝을 시작한 계기도 심신 건강과 관련된다는 점에서 저와 비슷했습니다. 그리고 해외 어딜 가든 러닝을 하면서 그 지역의 풍경과 삶의 모습을 보고, 무조건 장거리를 목표로 하기보다는 즐겁고 가볍게 'Fun run'(펀런)을 즐기는 러너라는 공통점이 있었습니다.

그래서였을까요? 기안84 님이 방송에서 절 소개한 것처럼, 정말 모터사이클(일) 이야기는 안 하고 러닝에 관한 이야기를 나눴습니다.

주호: 저도 러닝 좋아하는데 언제 같이 뛰실래요?

기안84: 그래요 시간나면 한 번 같이 하죠

주호: 이번에 하프마라톤 나가는데 한번 나가볼래요?

기안84: 사람이 달릴 거리가 아닌것 같습니다. 죽어요

주호: 예전에 나혼자 산다에서 을왕리 갔다왔잖아요

하며 설득하기 쉽지 않았지만, 정말 꾸준히 저는 '런스라이팅'을 했었죠.

그러던 어느 날! 매장에서 열심히 업무를 보고 있는데 전화가 왔습니다.

기안84: 주호 님, 안 바빠요? 나 혼자 산다(TV 프로그램)에서 회의를 마쳤는데 저 이번에 마라톤 풀코스 나가게 되었어요!"

(그 당시만 해도 서로 존댓말을 쓰던 사이였죠.)

주호: 축하해요! 진짜! 내가 도울 수 있는 게 있다면 도와줄게요!

그렇게 우리의 도전은 시작이 되었습니다. 사실 그때까지만 해도 방송에 출연하게 될 줄은 꿈에도 몰랐습니다.

<기안84와 마라톤 훈련을 시작하다>

저는 숙련자가 아닌 주변에서 흔히 볼 수 있는 일반인 러너로서, 하프마라톤을 준비해 본 경험과 노하우를 바탕으로 바쁜 스케줄 속에서 어떻게 대회를 준비해야 하는지, 어떤 신발을 신어야 하는지, 어떻게 영양을 관리해야 하는지 등 전체적인 부분을 조언하는 역할을 했고, 마침 생활스포츠지도사 국가 자격증 시험을 위해 공부하던 시기였기 때문에 많은 부분에서 도움을 주고 받을 수 있었습니다. 우리의 첫 풀코스 완주 프로젝트는 그렇게 이어졌습니다.

이후 약 3개월간 각자의 스케줄로 아무리 바빠도, 최소 1주일에 한 번은 꼭 만나서 5km, 10km를 뛰고 대회 일주일 전까지 30km 장거리 훈련을 같이 하면서 진심을 다해 열심히 준비했습니다.

<런콥 코치님과 동반 훈련>

<대청호 마라톤 하루 전날 단 둘이 결의를 다지며 마지막 인터벌 훈련>

중간중간 스케줄 때문에 만나지 못할 때는 각자 개인 운동을 하기도 했고요.

준비하면서 제일 힘들었던 것은 역시 금주!

술을 끊으려 했지만 그건 저도 기안84도 어려워서 완전히 끊지는 못했습니다. 대신 대회 날이 다가오는 것에 맞춰 조금씩 양을 줄여나갔습니다.

아무튼 저희는 무더운 여름 장마 직후 습한 날씨여도, 몸이 피곤하거나 다음 날 스케줄이 많아도 훈련하기로 약속한 날짜는 반드시 지켰습니다. 그게 쌓여서 결국 완주할 수 있었죠!

사실 제가 러닝 경험이 조금 더 많았고, 마침 당시에 생활체육지도사 연수 중이었던 터라, 그 친구를 코칭해야 한다는 책임감에 부담이 커져 잠시 힘들긴 했습니다. 하지만 결과를 보면 오히려 저야말로 그 친구가 없었다면 꾸준히 훈련을 지속하지 못하고, 결국 완주를 해내지 못했을 겁니다.

그렇습니다. 함께 가면 꾸준히 멀리(42.195km) 갈 수 있는 겁니다!

각자의 자리에서 할 수 있는 것을 하면서, 서로 표현은 잘 못했지만 함께 땀을 흘리며 지나온 시간, 같이 달린 거리가 누적이 되면서 어느새 서로 의지가 되었고 또 든든했습니다.

그렇게 시간은 흘러 대회 당일이 되었습니다.

42.195km라니….

대회 전날 미리 청주로 내려가 숙소에서 잠을 청했으나 긴장과 걱정, 설렘에 거의 뜬눈으로 밤을 보냈습니다.

생각보다 너무 준비 기간이 짧았습니다. 인파가 몰리고 하늘에서는 비까지 부슬부슬 내렸습니다.

정신을 차려보니 출발선 앞. 저희는 출발을 알리는 총소리와 함께 페이스를 체크하며 달려나가기 시작했습니다. 그러고는 정말 많은 일들이 있었습니다. 레이스 초반 인파에 밀려 제가 발목을 접질리는 바람에 15km부터는 같이 달리지 못했지만, 기안84와 저는 3분을 남기고 5시간 안에 완주를 성공했습니다! 그렇습니다! 우린 결국 해냈습니다! 완주 메달을 걸게 된 것이죠!

그동안 서로 각자의 바쁜 일상 속에서도 꾸준히 훈련을 같이 해온 덕분에 지난 여름 내내 그리고 대청호 마라톤을 완주하는 그 순간까지, 저의 경험들이 정말 큰 도움이 되었다는걸 알게 되었습니다.

<각자의 속도로 성공적으로 완주한 승리자들>

첫 풀코스 완주

3. 11월 5일 제이티비씨마라톤
(2023 JTBC Marathon)

첫 풀코스 마라톤을 마친 후 참을 만했던 통증이 점점 심해졌습니다. 대회를 약 1주일 남기고 뒤늦게 부랴부랴 정형외과를 찾아갔습니다.

'선생님 저 다음 주 일요일에 풀코스 마라톤 합니다. 가능할까요?'

의사 선생님의 깊은 한숨과 함께, 반깁스라는 특단의 조치가 내려지고 나서야 정확한 상태를 인지할 수 있었습니다.

머릿속이 복잡해졌습니다. 스스로 타협하고도 싶었고, 대청호 대회 당일 사소한 것부터 여러 가지 문제들이 떠올랐습니다. 이때 원인을 잠시였지만 내 안에서 찾기보다 외부의 탓을 하면서 스트레스를 많이 받았습니다.

그러나 부정적인 생각으로 허비하기엔 얼마 남지 않은 시간, 대회 전까지 최대한 회복에 집중하고, 만약 충분히 회복된 상태가 아닐 경우, 대회 당일 레이스를 이어가지 않고, DNF를 하기로 했습니다. 마음을 좀 내려놓기로 한 것이죠.

레이스를 중간에 포기한다 해도 창피한 일이 아니었기 때문입니다.

그러니 다시 마음이 편해졌습니다.

염증에 좋다는 음식들을 찾아서 먹고, 통증이 있는 부분을 최대한 사용하지 않고, 항염증약을 복용하고, 가벼운 재활 운동과 충분한 휴식을 취하는 것을 최대한 일상생활에서 지켜나갔습니다.

마침내 밝아온 대회 당일! 새벽부터 창밖에는 가을의 끝자락을 알리는 거센 빗줄기가 쏟아지고 있었습니다.

상태가 좋아지기를 간절히 바랐던 발목통증은 여전했지만, 오히려 마음은 편했습니다.

동이 트지도 않은 어두운 새벽에 대회 장소인 상암월드컵 경기장으로 이동한 후, 덤덤히 그리고 단단히 레이스 준비를 시작했습니다.

필요한 부위에 스포츠 테이핑을 하고, 특히 통증이 있는 발목은 조금 더 신경 써서 기도하는 마음으로 버텨달라고 잘할 수 있다고 발목에다 말하며 테이핑을 끝냈습니다.

날씨 요정이라 자처했는데, 왜 하필 대회 당일에 이렇게 하늘에 구멍이 난 듯 폭우가 쏟아지는 걸까요.

간밤에 몸 상태에 대한 걱정과 긴장, 설렘으로 약 세 시간 정도 잤을까요? 저는 밤새 잠을 설쳐버렸고, 정말 몸이 피곤했습니다. 빗줄기가 강해질수록 온도는 떨어지고, 몸의 긴장도와 피로감은 더욱 높아져만 갔습니다.

레이스 전 필요한 영양제(아미노산)과 바나나를 하나 챙겨 먹었습니다.

그런데 출발 5분 전, 거짓말처럼 비가 멈췄어요! 하늘이 제 기도를 들어주신 건가 싶었습니다! (비가 멈춘 건 잠시뿐이었지만요.)

쌀쌀한 공기와는 반대로 3만 명이 넘는 러너들의 열기와 함께 힘차게 출발했습니다.

5km, 10km 분위기에 취해 달리다 보니 발목에서 올라오는 통증은 참을 만했지만, 다시 빗줄기가 점점 더 굵어지기 시작했습니다.

광화문을 지나면서 15km쯤부터는 이미 러닝화도 물에 젖었습니다. 포기할 때 하더라도 최대한 걸어서라도 가보자는 생각으로 계속 다리를 움직였습니다. 20km에 다다르니 심해진 통증으로 마음까지 지쳐버렸습니다.

'이만하면 충분하지 않을까? 전문 육상선수도 이렇게 연달아서 풀코스를 뛰지 않는다는데… 충분히 잘했어'라고 생각하며 육체의 통증과 적당한 수준에서 타협을 하려는 순간이었습니다.

문득 '서울을 가로지르며 달려 보고 싶었던, 늦봄부터 꿈꿨던 그 마라톤이 아닌가!' 하는 생각이 들면서 지금 그 서울 한복판의 도로 위에서 내가 러닝하는 것이 뿌듯하고 감사하고, 즐거웠습니다.

'아직' 절반이 남은 게 아니라 '벌써' 절반'밖에' 남지 않은 거라고 스스로를 설득하기 시작했습니다.

조금만 더, 힘들고 아플 때마다 수없이 스스로 설득하고 싸우고 반복하며 한 발 한발 나아갔습니다.

<JTBC 마라톤 주로에서>

눈앞엔 어느새 남은 거리가 5km··· 4km··· 3km··· 2km··· 1km··· 완주!

또 완주! 그렇습니다. 제가 또 이렇게 해냈습니다!

<두 번째 42.195km 완주>

할 수 있는 만큼 해보고, 어려워도 결국 해내고, 그 안에서 성취감을 맛보는 것 그게 바로 러닝,

마라톤의 매력임을 새삼 다시 느꼈습니다.

▎세 번째 변화 : 함께하는 러닝

제대로 된 준비 없이 하프마라톤을 완주했을 때의 경험을 돌아보고자 합니다. 마라톤 대회 중, 극도로 힘들고 지쳐 더 이상 앞으로 나아갈 수 없다고 느꼈던 그 순간, 백발의 멋진 러너를 목격한 바로 그 순간, 내안에서 큰 울림과 진동이 온 몸의 신경 하나 하나를 통해 퍼져나가는 느낌을 받았습니다. 그 어르신 러너는은 기록에 구애받지 않고, 오롯이 당신만의 레이스를 묵묵히 이어가고 계셨습니다. 만약 그 순간 그 어르신을 만나지 못했다면, 저는 아마도 하프마라톤 완주 이후 기록에 일희일비하는 지금과는 다른 성향의 러너가 되었을 것입니다. 개인의 기록을 갱신하는 것이 자아실현과 자기만족에 있어 중요하다고 생각하지만, 그 이상으로 꾸준히 나만의 레이스를 하는 그 어르신의 모습에서 더 깊은 의미를 찾게 되었습니다.

또한 이 경험은 제 삶과 러닝의 방향성에 대하여 한 번 더 생각하게끔 만들었습니다. '아무리 내가 빨라지고 계속해서 기록을 경신해 나가더라도, 결국 속도를 낼 수 없는 때가 오지 않을까?' 이러한 생각은 다치지 않고 오

래, 행복하게 러닝하는 방법을 탐구하게 해 주었고, 나아가 러닝의 긍정적인 보상효과를 경험하지 못한 사람들, 혹은 혼자서는 러닝하기 어려워하는 사람들에게 도움을 주고 싶다는 새로운 목표를 세우게 했습니다.

저는 이러한 생각 즉, 누군가와 함께하는 러닝을 실천으로 옮기기 위해 시각장애인 러너와 함께하는 '빛나눔러너'가 되어 '가이드러닝'에 참여했습니다. 먼저 시각장애인 마라톤협회에 연락을 취해 어떻게 가이드러너로 활동할 수 있는지 알아보았고, 곧바로 가이드러닝 봉사활동에 발을 들이게 되었죠. 초여름의 어느 일요일, 저의 가이드러닝 봉사활동이 시작되었습니다. 이 새롭고 소중한 경험은 또 다른 저의 러닝 경력이 되었고, 크게는 삶의 새로운 깨달음과 배움을 주었습니다.

꾸준히 가이드 러닝 봉사활동을 하게되니 내 자신이 누군가에게 도움을 줄 수 있다는 사실에 큰 보람을 느꼈습니다. 더욱이 이 활동을 통해 겸손함을 다시 한번 배우고, 러닝하며 서로 배우고 성장하는 과정에서 더 많은 것을 얻었습니다. 가이드 스트랩을 손에 쥐고, 함께 러닝하는 동안 시각장애인 러너와 서로의 컨디션을 조율하며, 러닝 중 호흡이나 속도를 체크하고, 불편함 없이 잘 달릴 수 있는지 세심하게 주의를 기울이게 되었습니다.

빛나눔러너, 가이드러너가 되어 러닝하다

가이드러너란?

아프리카 속담에 이런 말이 있다는 걸 아시나요?

'빨리 가려면 혼자 가고, 멀리 가려면 같이 가라.'

러닝에도, 인생에도 큰 울림을 주는 말이라 생각합니다. 이는 제가 가이드러너가 되는 데 큰 영향을 준 문구입니다.

가이드러닝은 시각장애인이 안전하게 스포츠 활동을 할 수 있도록 함께 러닝하며 돕는 역할을 합니다. 즉 시각장애인이 혼자서 활동하기 어려운 상황에서 가이드러너가 함께 참여하여 도움을 주는 것입니다.

▍ 일반 러닝과 다른 점은?

시각장애인이 마라톤을 뛸 때 가이드러너가 참여하여 시각장애인의 옆에서 함께 러닝하며 코스를 안내하고, 장애물을 피해갈 수 있도록 도와줍니다. 또한, 시각장애인이 돌발 변수 등의 위험한 상황에 처했을 때도 가이드러너가 적극적으로 대처하여 안전한 러닝 환경을 만듭니다.

가이드러닝은 시각장애인에게 자신감을 심어주고, 시각장애인이 사회적 활동에 참여할 수 있는 기회를 제공합니다. 또한, 가이드러너와 시각장애인이 함께 소통하고 협력하면서 서로의 관계를 발전시킬 수 있습니다.

1. 시각장애에 대한 이해 ─────────────

1-1. 시각장애인을 처음 만났을 때

- 목소리로 인사하기
- 자신의 이름과 역할 소개하기

1-2. 잠시 자리를 비울 때

- 미리 알리기
- 다녀온 후 알리기

1-3. 시각장애인의 종류

- 전맹 시각장애인: 사물 파악이 거의 어렵거나, 빛의 유무만 파악하는 정도의 장애인
- 저시력 시각장애인: 시야가 매우 좁거나 일상생활이 불편한 매우 낮은 시력의 장애인

1-4. 음료 섭취, 휴식 주의 사항

- 급수대에서는 시각장애인 주자가 물컵을 쉽게 찾을 수 있도록 도와줍니다. 컵의 모양이나 크기가 다양하므로 시각장애인 주자가 잡기 쉬운 형태의 컵을 찾아 건네주는 것이 좋습니다.
- 시각장애인 주자가 손에 들고 있는 물병 혹은 컵에는 빨대를 꽂아 주는 것이 좋습니다. 음료수를 마실 때 고개를 젖히지 않고도 편하게 마실 수 있으며, 여름철 땀을 많이 흘린 상태라면 수분 보충에 효과적이기 때문입니다.

2. 휴식 시 주의 사항

- 시각장애인 주자가 쉴 장소를 선택할 때 그늘진 곳이나 시원한 바람이 부는 곳을 추천하며 앉을 의자 또한 편안한 것을 골라 앉을 수 있도록 도와줍니다.
- 함께 앉아 간단한 스트레칭을 하며 근육을 풀어주거나 간식을 먹으며 체력을 보충하도록 돕습니다.

3. 대회 종료 후 마무리

시각장애인 주자가 무사히 대회를 마쳤다면 격려와 칭찬의 말을 전해주고 기념사진을 찍으며 추억을 남깁니다. 이때 시각장애인 주자보다 앞서거나 너무 멀리 떨어지지 않도록 주의해야 합니다.

4. 기타 주의 사항

대회 당일에는 러닝중에는 평소보다 체온이 높아지므로 장거리 운동에 적합한 복장 착용과 사전에 충분한 수분 섭취가 필요합니다. 출발 전에는 충분한 스트레칭을 하여 부상을 예방하는 것이 중요합니다. 또한, 대회 도중에는 화장실을 이용하기 어려우므로 출발 전에 미리 화장실을 다녀오는 것이 좋습니다. 만약 대회 도중에 화장실을 가야 한다면 동반 주자와 함께 이동합니다. 이때 다른 주자들의 주행에 방해가 되지 않도록 주의해야 합니다.

마지막으로, 대회 도중에는 교통사고나 응급 상황이 발생할 수 있으므로 항상 안전에 유의해야 합니다. 만약 사고나 응급 상황이 발생하면, 즉시 대회 운영진이나 의료진에게 연락하여 조치를 취해야 합니다.

이러한 주의 사항을 잘 숙지하고 대회에 참가하면 더욱 즐거운 경험을 할 수 있습니다. 시각장애인 마라톤 대회에서 동반 주자의 역할은 매우 중요합니다.

동반 주자는 시각장애인 선수와 함께 러닝하며, 선수의 안전을 보호하고, 선수가 목표한 지점까지 도달할 수 있도록 도와줍니다. 다음은 시각장애인 마라톤 대회에서 동반 주자가 해야 할 역할입니다.

1. 출발 전 준비물 챙기기

시각장애인 선수에게 필요한 준비물을 미리 챙겨두어야 합니다. 예를 들어, 에너지젤, 수건, 물병, 호루라기 등이 있습니다.

2. 코스 파악하기

대회 당일에는 코스를 미리 파악해 두는 것이 좋습니다. 코스의 난이도, 장애물 여부 등을 파악하여 선수에게 사전에 미리 알려주어야 합니다.

3. 속도 조절하기

선수의 체력과 속도를 고려하여 적절한 속도로 달려야 합니다. 너무 빠르게 러닝하면 선수가 지칠 수 있고, 너무 느리게 러닝하면 선수가 페이스가 떨어져 체력적으로 정신적으로 더 힘들 수 있습니다.

4. 방향 안내하기

선수가 올바른 방향으로 나아갈 수 있도록 방향을 안내해야 합니다. 이를 위해 가이드러너는 주로의 STAFF나 여러 통신장비 등을 활용할 수 있습니다.

5. 휴식 취하기

선수가 지쳤을 때는 잠시 휴식을 취하는 것이 좋습니다. 이때, 시각장애인 선수가 편안하게 쉴 수 있도록 배려해야 하며, 몸에 이상이 없는지 계속 확인 해야 합니다.

6. 응급 상황 대처하기

만약 선수가 부상을 입거나 응급 상황이 발생했을 경우, 신속하게 대처해야 합니다. 이를 위해 심폐소생술 등의 응급처치 방법을 미리 숙지해두는 것이 좋습니다.

가이드러너는 이러한 역할을 수행함으로써 시각장애인 선수가 안전하게 마라톤을 완주할 수 있도록 돕습니다.

▌가이드러너 활동을 시작하게 된 계기

온 가족이 함께 마라톤을 완주하는 것. 이는 제가 간절히 바라고 원했던 일입니다. 그 소원을 2023년, 러닝을 시작하고 나서 5년의 시간이 지난 후에야 드디어 이루게 되었습니다. (친형은 때마침 업무 관련 외부 행사가 있어서 함께하지 못한 것이 아쉽지만요.)

꼭 42.195km의 풀코스가 아니더라도 어린 조카들과 연로하신 부모님의 컨디션을 생각했을 때, 5km의 미니마라톤이면 충분히 감사하고 소중한 평생의 추억이 되리라 생각해서 준비를 시작하게 되었습니다.

가족과 함께 마라톤을 완주하는 것이 나의 버킷 리스트 그런데 이를 이루기 위해선 무엇보다도 아버지를 설득하는 게 제일 큰 산이었습니다. 한쪽 시력을 완전히 잃으신 아버지를 모시고 함께 러닝하기 위해서는 사랑스런 조카들과 함께 우리 가족이 모두 참여하는 데 의의가 있다고 설득해야만 승산이 있었으니까요!

아버지의 반쪽 세상

'아버지', 누구나 그렇겠지만 어머니라는 단어에 비해 강인함, 성실함, 무뚝뚝함, 그리고 외로움이 느껴지는 단어가 아닐까 생각합니다. 하지만 내가 커진 만큼 어느샌가 작아진 아버지의 어깨를 보면 참 많은 생각이 들곤 합니다.

저희 아버지는 한쪽 눈이 보이지 않습니다. 아버지는 한국전쟁 직후 태어나셨고, 당시 대한민국이 그랬듯 힘겹고 배고픈 유년 시절을 보내셨습니다. 아버지의 고향에서는 정말 생계를 유지할 방법이 없어 아버지는 10살 남짓의 나이에 무작정 서울로 올라와 닥치는 대로 일을 하셨다고 합니다.

자전거 가게에서 '꼬마' 심부름꾼으로 시작해, 안장 위에서 잠을 자면서 열심히 돈을 모으셨고, 그 희생과 노력을 기반으로 어머니를 만나 행복한 가정을 이루셨습니다. 그 후 저와 형 두 아들을 잘 키워주신 멋지고 대단한 아버지십니다.

그렇게 강인한 아버지의 빛을 뺏어간 그날은, 초여름의 낮 최고 30도 가까운 온도로 전국이 달궈지고 있던 5월쯤이었습니다. 5월임에도 불구하고 예전과 달리 뭐가 급했는지 일찍 찾아온, 그 원망스러운 더위가 시작된 어느 날이었습니다.

일을 하고 있는 당신의 두 아들을 도와주려고 매장을 대신 정리하시던 아버지께서, 방치되어 있는 오래된 소화기를 폐기물 보관통에 옮기려 소화기를 잡고 들어 올린 순간, 오래되어 부식된 핀이 부러지며 분출 호스의 끝부분이 아버지의 눈을 때리며, 그렇게 아버지의 빛나는 세상의 반쪽을 앗아 갔죠.

아버지가 쓰러지신 그때는 응급처치를 할 줄도 몰랐고 너무 무서워 아무것도 할 수가 없었습니다. 아주 잠시 동안이었지만, 아버지의 외마디 비명 소리를 들은 그때, 세상이 다 멈춘 느낌이었습니다. 그제서야 간신히 정신을 차려 119에 전화를 하고 병원 이송까지 계속 아버지의 옆을 지켰습니다. 눈물이 왈칵 났습니다. 전부 제 탓인 것만 같았구요. 내가 좀 더 부지런해서 소화기를 미리 치워놨더라면 그런 사고가 아버지께 일어나지 않았을까 하는 생각이 아직까지도 머릿속을 떠나질 않습니다.

지금이라면, 응급처치를 교육받은 이 시점의 나였다면, 더 올바르고 빠른 조치를 취할 수 있지 않았을까 하는 죄책감이 지금도 가끔 저를 괴롭히곤 합니다.

아버지와 함께, 온가족 모두 마라톤을 완주성공!

<큰형님은 출장때문에 없어서 아쉽지만! 형수님과 조카들, 부모님을 모시고 삼대가 모여서 완주한 5K마라톤!>

꾸준한 러닝을 통해 정신의 건강과 신체의 건강을 되찾은 후로, 아버지께도 러닝의 기쁨을 알려드리고, 또 언젠가 같이 마라톤을 꼭 완주하고 싶었습니다. 아버지와 단 둘이 5km 대회를 나가는것도 좋지만, 당신이 한평생 지켜내신 우리 가족 모두와 함께 하면 어떨까 하는 생각이 들었습니다. 가족 식사 자리에서의 일방적(?) 선언 이후, 아버지를 설득하고 가족들과 즐겁게 연습한 끝에 평생 잊을 수 없는 소중한 기억을 완성하게 되었습니다.

온 가족이 함께

가이드러닝은 아버지를 위해서 시작했지만, 누군가를 케어하면서 '같이 달린다'는 것이 주는 교훈과 경험은 기안84 님과의 마라톤 훈련, 대회 때도 큰 도움이 되었습니다.

가이드러닝은 제가 더 이상 러닝을 하지 못하게 되는 그날까지 계속할 겁니다!

가이드러닝을 하는 이유

▎가이드러닝이 주는 보상효과

가이드러닝을 넓게 보면 봉사에 포함되지만 조금 독특한 면이 있습니다. 일반적인 봉사활동보다 조금 더 몸도 마음도 준비가 되어 있어야 합니다.

가이드러너에게는 내 자신을 케어함과 동시에 상대방까지 케어하는 이 타심과 책임감이 필요하며, 시각장애인 주자의 시각 즉 '사물인지능력'[6]을

6) TIP 사물인지능력이란?
쉽게 말하면, 사물인지능력은 주변 환경을 이해하고 인식하는 능력입니다. 우리 주변에는 다양한 사물들이 존재하며, 우리는 이 사물들을 보고, 듣고, 만지고, 냄새 맡고, 맛보는 등의 감각 정보를 통해 인식합니다. 사물인지능력은 이러한 감각 정보를 처리하고 분석하여 사물을 구별하고, 분류하고, 특성을 이해하는 능력을 말합니다.

옆에서 대신 발휘해 주어야 합니다.

그리고 무엇보다 혼자 달려도 힘든 주로에서 여러 가지 변수에 유연하게 또 순발력 있게 대처하고 서로를 보완해 가며 러닝할 수 있는 충분한 체력이 필요합니다.

대회 중간 휴식 때 물을 마시며 시각장애인 주자분들의 몸에 난 상처를 보면서 배우고 느낀 점이 많았습니다. 가이드러닝은 시각장애인의 삶의 질을 높이는 데 큰 역할을 하며, 많은 사람들이 관심을 가지고 참여해야 하는 활동입니다.

러닝을 하며 상호 보완 하는 경험은 친구, 연인, 부부 등 서로를 이해하고 배려하며 인생을 함께 달리는 사회적인 관계 형성에도 큰 도움을 줄 수 있습니다. 그렇기 때문에, 가이드러닝은 일상생활과도 많은 접점이 있습니다.

가이드러닝을 하면 도움이 필요한 때와 장소, 사람을 알고 도움을 주는 이타심과 타인을 이해하는 공감 능력이 높아져 사회성이 좋아집니다. 이는 가이드러너 자신의 성취감과 자존감 상승으로 이어집니다.

저는 러닝도, 가이드러닝도 꾸준히 했기 때문에 여기서 오는 '보상 회복탄력성'[7]으로 스스로 렙업인간(Level up 인간)이 됨을 느낄 수 있었습니다.

보상 회복탄력성의 주요 특징

1. 긍정적인 사고방식: 어려움 속에서도 희망과 가능성을 찾는 능력

2. 문제 해결 능력: 창의적이고 효과적으로 문제를 해결하는 능력

3. 적응력: 변화하는 상황에 유연하게 적응하는 능력

4. 사회적 지지: 주변 사람들과의 건강한 관계 형성 및 유지

5. 자기 연민: 자신의 감정을 이해하고 수용하는 능력

보상 회복탄력성과 관련한 학술 자료 링크 ncbi.nlm.nih.gov

물질적 보상은 결국 한계가 있지만 심리적인 보상은 한계가 없습니다.

누군가에게 도움이 되고 스스로도 많은 것을 느끼고 배우는 가이드러닝, 직접 경험해 보고 싶지 않으신가요?

저와 함께하시겠습니까? 같이 즐겁게 러닝하실 분! 도와드리겠습니다!

. . . .
7) TIP 보상 회복탄력성이란?
　　보상 회복탄력성은 어려움과 역경에 직면했을 때 회복하고 성장하는 능력입니다. 단
　　순히 과거 또는 현재의 어려움을 극복하는 것을 넘어, 경험을 통해 배우고 발전하여
　　더 나은 미래를 향해 나아가는 능력을 말합니다.

런주호 인스타그램

긍정의 힘, 마인드풀 러닝

▍러닝과 명상을 동시에?

혼자서 새로운 그리고 상황과 속도에 맞는 다양한 착지법을 연습해 온 지 약 3개월, 평상시 걸을 때도 신경 써서 걷고, 넓은 보폭으로 걷고 달리던 습관을 고치려고 일부러 최대한 상체를 벗어나지 않는 좁은 보폭으로 연습했습니다.

평소와 다름없이 저강도 러닝을 하던 어느 날, 문득, 꾸준히 계속 러닝하면서 더이상 통증도 느껴지지 않으니 지속 가능한 러닝이 중요하다는 생각이 들면서 페이스와 기록이 중요하지 않다는 걸 새삼 다시 느꼈습니다.

또한 이런 마음으로 달리면 달릴수록 러닝이 점점 편해지고, 러닝을 하는 시간이 조금 더 늘어남에 따라 저의 몸 또한 점점 컨디션이 좋아지고 있음을 느꼈습니다. '건강한 몸은 건강한 정신과 함께 한다.' 어디선가 들었던 이 공익광고 문구 같은 말을 실감한 것입니다. 러닝할 때의 그 특유의 특별한 느낌이, 매 순간 계속 발을 구르고 있는 내 다리를 통해 모든 근육과 신경세포를 지나 제 머릿속으로 전달되었고, 신선하고 상쾌한 기분과 함께 이렇게 달릴 수 있음이 얼마나 감사한지를 다시 한번 깨닫게 해주었습니다.

그렇습니다. 저도 모르게 러닝을 하면서 정신이 정화되는 **러닝+메디테이션=런디테이션**을 하게 된 것입니다. 명상에는 움직임을 제한하는 정적인 명상도 있지만, 신체의 움직임을 통한 동적인 명상도 있습니다.

또한, ZONE 2 운동 이론에 따르면 적당한 심박수에서 일정 시간 러닝을 지속할 경우, 우울증이나 불안감을 완화시켜 주는 세로토닌이 늘어난다고 합니다. 인간이 만든 약물을 통해서가 아니라 우리 뇌가 스스로 그 양을 증가시키는 것이죠.

'Zone 2 훈련'이 인간의 호르몬 분비에 미치는 영향

참고 링크: tandfonline.com

본 연구에 따르면, Zone 2 훈련은 단순히 심폐 기능 향상뿐 아니라 스트레스 해소, 기분 향상, 인지 기능 강화까지 도와줄 수 있는 놀라운 효과를 지닌 것으로 나타났습니다.

어떻게 작동하는 걸까요? Zone 2 훈련은 신체를 가벼운 운동 상태로 유지하며, 이는 코티솔 수치를 낮추고 스트레스 해소에 도움을 줍니다. 동시에 세로토닌과 도파민 수치를 높여 기분을 좋게 만들고 인지 기능을 향상시킵니다.

뿐만 아니라, Zone 2 훈련은 면역 체계를 강화하고 염증 수치를 낮추는 데에도 효과적일 수 있다는 연구 결과가 있습니다

놀랍게도, 러너들은 이미 자연스럽게 런디테이션을 실천하고 있을 수 있습니다. 달리면서 숨을 깊게 들이쉬고 내쉬며 주변 환경에 집중하는 것은 명상과 매우 유사한 과정입니다. 마치 움직이는 명상이라고 할 수 있죠.

따라서 명상과 러닝은 서로 배타적인 것이 아니라 보완적인 관계라고 볼 수 있습니다. 러닝을 통해 몸과 마음을 동시에 케어하고 싶다면, Zone 2 훈련과 런디테이션을 함께 실천해보는 것을 추천합니다.

존2 러닝

▌천천히 달린다! 즐거운 러닝, 느린 러닝이 더 건강에 좋다고?

러닝은 건강을 위한 최고의 운동 중 하나입니다. 하지만 빠르게 달리는 것만이 러닝의 전부는 아닙니다. 오히려 느리게 달리는 '느린 러닝'은 건강에 좋은 영향을 주며, 오버페이스 트레이닝으로 유발될 수 있는 부상을 방지하는 효과도 있어 지속 가능하고 즐거운 러닝 습관을 지킬 수 있습니다.

1. 칼로리 소모 증가

느린 러닝은 전력 질주보다 시간당 소모되는 칼로리는 적지만, 운동의 볼륨(빈도와 시간)을 늘릴 수 있다는 장점이 있습니다. 실제로 느린 러닝을 꾸준히 하는 사람들은 빠른 러닝을 하는 사람들보다 더 많은 칼로리를 소모하는 경우가 많습니다. 평균적으로 유산소운동을 시작한 뒤 30분 후부터 지방의 연소가 시작된다는 연구 결과들이 있습니다. 짧은 시간 내에 고강도로 러닝을 하는 것은 또 다른 운동 효과가 있지만 체지방 연소를 위해서는 저강도로 장시간 꾸준히 러닝을 지속하는 게 더욱 효과적입니다.

연구 결과 (참고 링크: pubmed.ncbi.nlm.nih.gov : Zone 2 workout)

일부 연구에서는 저강도 운동을 30분 이상 지속하면 지방 사용 비율이 증가한다는 것을 발견했습니다.

하지만 이는 절대적인 지방 연소량 증가를 의미하지는 않습니다. 30분 이전과 비교했을 때 지방 사용 비율이 증가했다는 뜻이며, 전체적인 지방 연소량은 운동 시간, 강도, 개인의 체력 수준 등에 따라 달라질 수 있습니다.

중요한 점

- 지방 연소를 위해서는 꾸준한 운동이 중요합니다.
- 30분이라는 특정 시간보다는 운동 총량과 강도를 고려하는 것이 중요합니다.
- 개인의 체력 수준에 맞는 운동 강도를 선택하는 것이 중요합니다.

인용 가능한 학술 자료

• "유산소 운동 중 지방 연소에 영향을 미치는 요인들"

참고 링크:europepmc.org/article/med/11782653

이 연구에서는 운동 강도, 지속 시간, 개인의 체력 수준 등이 유산소 운동 중 지방 연소에 미치는 영향을 종합적으로 살펴보고 있습니다.

2. 부상 위험 감소

빠른 러닝은 무릎과 발목에 가해지는 충격이 강하여 부상 위험이 높습니다. 반면, 느린 러닝은 충격이 적기 때문에 부상 위험이 낮고, 관절 건강을 유지하는 데 효과적입니다. 특히, 관절염이나 무릎 통증이 있는 사람들에게 느린 러닝은 안전하고 효과적인 운동 방법입니다.

3. 지속 가능한 운동

빠른 러닝은 체력 소모가 커 오랫동안 지속하기 어렵습니다. 반면, 느린 러닝은 체력 소모가 적기 때문에 오랫동안 지속할 수 있으며, 포기하지 않고 꾸준히 운동할 수 있다는 장점이 있습니다. 꾸준한 운동은 건강 개선에 필수적이며, 느린 러닝은 이를 위한 최적의 방법입니다.

4. 심혈관 건강 개선

꾸준한 러닝은 심장 건강 개선과 혈압 조절에 효과적입니다. 특히, 느린 러닝은 심장에 무리 없이 심혈관 건강을 증진할 수 있습니다. 연구 결과에 따르면, 느린 러닝을 꾸준히 하는 사람들은 심혈관 질환 위험이 낮아지는 것으로 나타났습니다.

Zone 2 러닝과 심박수

- Zone 2 훈련의 심혈관 적응: 체계적 문헌

  참고 링크:ncbi.nlm.nih.gov

이 연구에서는 Zone 2 훈련이 심박수 변이도(HRV) 및 최대 산소 섭취량(VO2max)을 포함한 다양한 심혈관 지표를 향상시키는 데 효과적임을 보여줍니다. 또한 Zone 2 훈련이 휴식 상태의 심박수를 낮추고 혈압을 조절하는 데 도움이 될 수 있음을 발견했습니다.

5. 스트레스 해소

맑은 공기를 마시며 천천히 달리는 것은 스트레스 해소에 도움이 됩니다. 운동은 스트레스 호르몬 분비를 감소시키고, 엔도르핀 분비를 촉진하여 기분을 개선하고 스트레스를 해소합니다. 특히, 느린 러닝은 주변 경치를 감상하고 자연과 소통하며 스트레스를 완화하는 데 효과적입니다.

6. 면역력 강화

꾸준한 운동은 면역력을 강화하는 데 도움이 됩니다. 느린 러닝은 적당한 강도의 운동으로 면역 체계를 활성화시키고, 질병 예방에 효과적입니다. 특히, 감기나 바이러스 감염에 대한 저항력을 높여줍니다.

7. 숙면 유도

규칙적인 운동은 숙면을 취하는 데 도움이 됩니다. 느린 러닝은 몸을 피곤하게 만들면서도 과도한 스트레스를 유발하지 않아 숙면을 유도하는 데 효과적입니다. 연구 결과에 따르면, 느린 러닝을 꾸준히 하는 사람들은 숙면의 질이 향상되는 것으로 나타났습니다.

1. 숙면에 대한 운동의 영향

- 수면의 질 향상
  연구 결과, 규칙적인 운동은 수면 잠복 기간 단축, 수면 지속 시간 증가, 수면 깊이 향상 등 수면 품질 전반적인 향상과 관련이 있다는 것을 보여줍니다.
  참고 링크:healthline.com

- 불면증 완화

  특히, 불면증으로 어려움을 겪는 사람들에게 운동은 수면 유도 효과를 보여주는 것으로 나타났습니다.

  참고 링크:pubmed.ncbi.nlm.nih.gov/34163383

- 스트레스 감소

  운동은 스트레스 호르몬인 코티솔 수치를 낮추고 기분을 개선하는 데 도움을 줌으로써 숙면을 방해하는 스트레스를 감소시키는 데 효과적입니다.

  참고 링크:health.harvard.edu/topics/sleep

이렇게 점점 건강해지는 몸에, 건강한 정신이 깃들고, 또 건강한 정신은 다시 건강한 몸을 만들어주는 선순환이 생깁니다. 그동안 무리한 스케줄과 휴식없는 훈련으로 부상이 잦았습니다. 그렇지만 부상 때문에 러닝을, 그리고 저의 노력을 멈추고 싶지 않았기에 조금 더 천천히, 무리하지 않고 러닝 그 자체를 즐기는 방법에 관심이 많이 생겼습니다.

꾸준한 러닝이 주는 이러한 보상효과를 느끼게 되면, 러닝 그 자체를 즐길 수 있습니다.

일상에 지치고 힘들 때, 집 근처 하천에서 듣는 물 흐르는 소리와 작은 생물들의 살아있는 소리.

누군가에겐 삭막한 곳이지만, 도심 러닝할 때 저는 관찰자가 됩니다. 각기 다른 표정으로 어딘가를 향해 가는 사람들 바삐 지나가는 자동차들, 매일 달라지는 다이나믹한 도시라는 커다란 비디오는 러닝이 지루한 운동이 아니란 것을 알려줍니다.

그래서 저는 이제까지 달려왔고 지금도 달리고 있습니다. 자연에 가까이 다가가 달리기도 하고, 쿨한 시멘트 건물 사이에서 달리기도 하며 이마에 송글송글 땀이 맺히는 그 순간들 속에서 정말 행복을 느낍니다.

저는 이 순간이 마인드풀 러닝에서 느낄 수 있는, 행복한 감정이 가득한 진짜 러너스 하이runner's high 라고 정의하기로 했어요.

각주: 러너스 하이는 달리기를 30분 이상 지속하면서 느낄 수 있는 일시적인 행복감 상태입니다. 마치 도취감이나 환각과 같은 느낌으로 묘사되기도 하며, 불안감이 줄어들고, 통증 역치가 높아지고, 집중력이 향상되는 특징이 있습니다.

'마인드풀 러닝Mindful running'

도심을, 공원을, 하천 주변을 달릴 때 매일 새로 보는 사람들의 표정, 늘 변화되는 하늘과 바람, 온도 그리고 습도. 이처럼 매일 모든 게 새로운 풍경들을 캔버스에 나만의 러닝이란 붓으로 그림을 그려나가 보는 건 어떨까요?

바다풍경을 보며 하는 러닝

도심속 공원에서의 나이트러닝

2.31 KM

방콕, 태국

태국 출장때 지역 공원 러닝

한강공원 러닝

한강공원 나이트러닝

언젠가 원데이 클래스로 명상을 체험해 본 적이 있습니다. 다소 정적인 느낌의 명상과 동적인 느낌의 러닝이 서로 묘하게 어울리며 다른 듯 다르지 않은 그들이 연결되어 있다는 것을 러닝을 하는 중에 깨달았습니다.

몸과 마음의 예술 작품, 마인드풀 러닝

천천히 달리면서 느끼는 러닝의 즐거움, 건강한 몸과 마음의 선순환, 그리고 일상의 스트레스와 지루함을 깨우는 다채로운 풍경까지. 마인드풀 러닝은 단순한 운동을 넘어 한 점의 예술 작품이 됩니다.

새로운 감각을 깨우는 러닝

싱그러운 풀, 향기로운 꽃, 구수한 흙의 내음과 시원한 바람, 하늘에서 내리는 빗방울, 햇살의 따스함까지. 러닝은 오감을 깨우고 세상과 내가 서로 소통하는 특별한 경험을 선물해 줍니다.

러닝하는 속도에 맞춰 변화하는 풍경과 소리는 마치 영화의 한 장면처럼 생생하게 다가옵니다.

때로는 늘 알던 길이 아닌 낯선 길을 달리며 새로움을 발견하고, 새로운 사람들과의 만나며 세상을 넓혀가는 기쁨도 느껴보세요.

마인드풀 러닝으로 만나는 내 안의 예술가

러닝하는 그 순간의 호흡에 집중하고, 몸의 움직임을 하나하나 느껴보세요. 마치 그림을 그리고 조각가, 예술가처럼, 자신과 러닝을 더욱 섬세하게 이해할 수 있을 것입니다.

내면의 목소리에 귀 기울이고, 긍정적인 생각과 감정을 키워나가세요. 러닝은 자신을 위한 소중한 감정과 시간을 선물해 줍니다.

마음과 몸을 하나로 연결하고, 순간에 집중하며 명상과 같은 경험을 해

보세요. 러닝은 내면의 평화와 행복을 찾는 길이 될 것입니다.

마인드풀 러닝, 나만의 예술 작품을 완성하다

오늘의 러닝 코스는 나만의 캔버스입니다. 다양한 감각과 경험을 담아 나만의 아름다운 그림을 그려봅시다.

맑은 하늘 아래 펼쳐진 자연의 풍경, 역동적인 도시의 모습, 그리고 내 안의 깊은 감정까지. 모든 것을 영감으로 삼아 자신만의 러닝 스토리를 만들어보세요.

마음과 몸의 조화로 완성되는 나만의 예술 작품, 마인드풀 러닝을 통해 더 건강하고 행복한 삶을 향해 나아가 보세요!

마인드풀 러닝은 끝없는 가능성을 열어주는 특별한 경험입니다. 오늘부터 여러분만의 러닝 캔버스를 그려나가 보는 것은 어떨까요?

런주호의 꿀팁
이런(run) 저런(run)
지속 가능한 러닝 습관
만들기

첫 시작은 매우 간단했습니다. 그냥 무작정 밖을 나갔으니까요. 걷고 또 걷기 시작 했으니까요! 몇 분을 걷고, 얼마나 멀리 갔는지는 생각할 필요가 없습니다. 거창하게 몇 km를 뛰겠다는 계획은 생각 해 본 적 없었죠. 단지 100m부터 천천히 시작해서 200m가 편해지면 그다음은 300m를 '산책' 하면 그게 시작인겁니다.

가벼운 러닝을 하면 매일 같은 동선이라 할지라도 시간마다 날씨마다, 또 지나가는 사람들에 따라 주변 환경이 매일 변화합니다. 산책하면서 생각도 정리하고, 하천 근처에서는 물 흐르는 소리를 듣고, 이름 모를 새들을 보고, 풀 내음을 맡고… 이렇게 산책을 하고 집에 오면, 어딘지 모르게 일상에서의 스트레스가 조금씩 해소되는 느낌을 받습니다. 작지만 아주 중요한 첫 '보상'을 받기 시작한 것입니다!

부담 없이 가벼운 러닝을 퇴근 후에 일주일에 3~4번 나가다 보면, 그 푸르고 청량한 맛에 이끌려 어느새 현관을 나서는 자신을 발견하게 됩니다! 그리고 이전보다 기분도 상쾌하고 무언가 몸도 가벼워진 느낌을 받을 수 있죠! 이제 속도도 조금씩 올려봅니다. 부담스럽지 않죠. 하나도 힘들지 않아요! 분명 힘들게만 느껴졌던 '러닝'을 하고 있어요!

그렇습니다. 이게 바로 천천히 달리는 존2러닝 입니다. 그동안 내가 알았던 유산소, 즉 러닝이 부담스럽지 않다는 걸 내 머리에, 내 몸에 속삭이듯 친절하게 알려준 것입니다.

가벼운 러닝 역시, 시작부터 지속해 온 그 루틴대로 똑같이 주 3회 이상 해보시길 바랍니다. 물론 그렇게 러닝을 하던 중에 조금 힘들다면, 다시 더 천천히 걷는 속도와 비슷하게 러닝을 하면 된다는 걸 기억해 주세요. 축하합니다. 여러분은 벌써 러너가 되었습니다!

30분, 3일, 3주, 3개월... 이제 가로등을 기준 삼아 점진적으로 러닝 속도나 거리를 아주 조금씩 늘려볼게요. 이렇게 지속적으로 루틴을 지켜나가 봐요!

중간에 회식이 있고 약속이 있어서 러닝을 못 했더라도 실망하거나 자책하지 마세요! 일주일, 즉 월화수목금토일 중 '겨우' 3일만 하면 성공인 거죠! 축하합니다! 그리고 이제 나를 위해 **합리적인 투자**를 해보는 시간입니다!

러닝에 필요한 장비 구매는 바로 나를 위한 투자죠! 조금 더 쾌적한 러닝을 위한 옷과 질 좋은 러닝화를 사는 것은 합리적이고 즐거운 소비라 할 수 있으니까요! 스스로가 자랑스럽고 기특하고 뿌듯하세요? 그렇다면 꾸준히 러닝을 즐겨온 나에게 보상을 주세요.

저 또한 꾸준함에 대한 보상으로 소소한 러닝용품을 구매하면서, 점점 더 활력적으로 되고 밝아진 저를 발견할 수 있었습니다. 또, 셀프 보상을 주기적으로 주면서 목표를 짧게 자주 달성해 나가고 성취감의 복리를 경험하면서, 점점 더 러닝이 좋아지기 시작했죠! 덕분에 신발장과 옷장에는 점점 공간이 부족해졌지만, 소비하는 마음가짐 또한 러닝 전보다 훨씬 건강하고 행복한 사람이 되었습니다.

이게 제가 지금까지 러닝을 질리지 않고, 지속할 수 있었던 노하우입니다. 이제부터는 여러분도 주 5일 이상 러닝을 할 수 있을 겁니다.

아무도 강제로 등 떠밀지 않아요. 이제부터는 내가 나와의 약속을 매일 정하고 지켜봅시다. '산책로'에서 아주 조금씩, 1m를 더 걸어도 좋고, 1m를 더 달려도 좋습니다. 오늘은 어제보다 1m씩만 더 걷고 달려보면 되니까요. 러닝을 하는 시간 역시 마찬가지죠. 어제는 15분을 걷거나 달렸다면, 오늘은 1분 더 걷거나 달려볼까요? 이제부터 조금씩 점진적으로 몸을 적응시켜 봅시다!

저도 항상 쉬운 것만은 아닙니다. 어제도 러닝화를 신고 문밖을 나서기 전까지 망설였습니다. 매일 나태함과 게으름을 비롯한 다양한 것들과 싸우고 있어요! 그럼에도 불구하고 꾸준히 러닝을 지속할 수 있었던 저만의 노하우를 좀 더 공유해 보겠습니다!

우선 나와의 타협, 핑계 모두 스스로 인정해 봅시다! 무엇보다 러닝 습관이 몸에 스며들기 전까지는 나 자신을 누구보다 응원하고 지속적으로 스스로를 칭찬하는 것이 가장 중요한 것 같습니다.

'오늘은 러닝을 못 했으니까 난 실패했어!'라는 생각은 금물입니다. 조금은 스스로에게 조금 관대해질 필요가 있어요. 그렇다고 매일 자신에게 관대해지지는 말자고요!

중고등학교 때는 저도 여러분들과 마찬가지로 달리기를 정말 싫어했습니다. 당시에 러닝은 성적에 들어가는 평가 항목이었습니다. 달리기가 싫었던 건 내신, 수행평가 등 남들과 경쟁하고, 기록에 의해 여러 평가표에 등급이 매겨지는 방식 자체가 '부담'으로 다가왔었기 때문이라고 생각해요. 그래서 우리는 스스로에게 '적당히'는 관대해질 필요가 있습니다. 그래야만 비로소 '러닝'이 힘든 것이 아닌 즐거운 것으로 기억될 수 있기 때문입니다.

이제부터 본격적으로 제 꿀팁을 말씀드리겠습니다!

▌3, 3, 3의 셀프(self) 미션

일주일에 3일만 해볼까?

일단 첫 번째로 몇 km를 뛰겠다, 몇 분을 뛰겠다는 상세한 목표를 지웠으면 합니다. 그저 그냥 1주일에 3번만 걷뛰를 해본다, 아니 산책을 나가본다고 생각해 봅시다!

이젠 누가 시키지 않아도 어느덧 러닝이 삶의 일부가 되어있는 나를 발견! 모든 과정에서 스스로에게 관대해질 필요도 있고, 또 스스로 뿌듯해질 필요도 있어요.

▌나를 위한 달콤한 보상!

모든 과정에서, 스스로에게 보상을 주는 것도 꼭 필요합니다! 합리적이고 건전한 소비는 바로 다음과 같습니다. 꾸준한 러닝에 도움이 되는 소비, 바로 나를 위한 소비입니다.

1. 이젠 러닝화 쇼핑을 시작합니다!

처음부터 고가의 '카본' 레이싱 전문가용 러닝화를 사는게 아니라, 매일 연습용으로 신기 좋고 가격과 내구성이 좋은 러닝화를 검색해서 구입해 봅시다. 저 역시 러닝을 1주일에 3회, 3주 지속하고 1개월이 지났을 때 스스로에게 월간 보상으로 집 근처 스포츠용품 매장에 달려가 좋은 소비를 했습니다. 술 마시면서 돈을 쓰는 것보단 건강을 위해 지갑을 여는 게 더 '착한 소비' 아닐까요?

2. 스마트워치? 사치가 아니라 필수!

어느덧 3개월이 지났습니다. 축하합니다! 스스로 대견스럽고 뿌듯해하며, 러닝할 때 안정적인 심박수를 느끼고 다음 날 아침, 눈을 떴을 때, 하루 종일 좋은 컨디션을 느끼게 되는 이 시기에 진입하신 것을 환영합니다.

이제 스스로에게 또 한 번 의미 있는 보상을 줍니다. 바로 러닝용 스마트

워치! 이 친구는 분당 심박수와 보폭(케이던스), 산소포화도(VO2MAX) 등 여러가지 러닝에 필요한 정보를 직관적으로 전달해 주는 아주 똑똑하고 고마운 친구입니다.

요즘에는 여러가지 러닝코칭(인터벌, 장거리, 지속주 등)을 코칭해 주며 훈련 강도와 휴식 방법까지 알려줍니다! 약 10만 원대에서 100만 원대까지 가격대별로 여러 기기가 있습니다. 초보 초급자라면 보급형 기기로도 충분합니다. (애플워치SE, 가민55, 갤럭시 워치 등)

3. 러닝 복장은 멋이 아니라 기능을 위한 것!

러닝은 야외 활동이기 때문에, 매일 다른 온도, 습도 그리고 강우량 등 환경적인 변수가 너무 많습니다.

러닝 복장은 크게 더울 때와 추울 때로 나눌 수 있습니다. 온도가 높을 땐 통풍이 잘되는 소재의 옷을 입고, 온도가 낮을 땐 얇은 옷을 여러 겹 입어서 체온 유지 관리를 위해 유연하게 대처해야 합니다! 너무 덥거나, 또 너무 추우면 밖에 나가기 싫어지고 수많은 핑계 속에서 나 자신과 끝나지 않는 전쟁을 치르게 됩니다. 그러다 언제 또 이불 속의 안정이란 타협점을 찾을지 모릅니다. 때문에 이제는 러닝할 때의 기능적인 복장에도 신경을 써야 할 때입니다.

2

실용 파트
(노하우에 관한 이야기)

▌ 런린이들을 위한 러닝화 찾기 꿀팁

러닝화 찾기 꿀팁을 알려드리기에 앞서 러닝화의 부분별 명칭을 간단하게 알아볼까요?

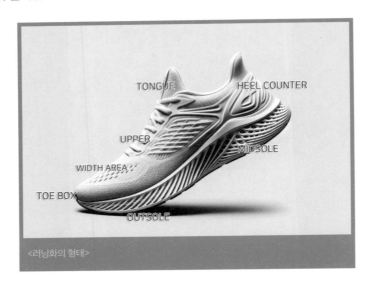

\<러닝화의 형태\>

발끝 공간TOE BOX: 발가락들이 자유롭게 움직일 수 있는 공간

발볼WIDTH AREA: 발의 너비에 맞는 폭을 의미

갑피UPPER: 러닝화의 윗면 전체를 일컫는 부분

설포TONGUE: 발등 부분을 덮는 부드러운 패드

힐카운터HEEL COUNTER: 발뒤꿈치를 고정하고 안정시키는 단단한 부분

중창MIDSOLE: 갑피와 아웃솔 사이에 위치한 쿠션 역할의 부분

밑창OUTSOLE: 러닝화의 바닥면 전체를 일컫는 부분

▌러닝화 선택 전에 반드시 체크해야 하는 항목!

내 발의 꺾임을 정확히 알아야 더 즐겁고 부상없는 러닝을 할 수 있습니다. 이 세상에 완벽한 중립의 발은 없다고 합니다. 누구나 내전과 외전이 있기 때문에 그 정도에 따라 선택하면 쉽습니다.

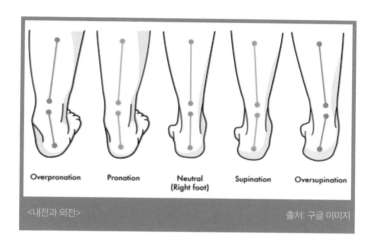

<내전과 외전>   출처: 구글 이미지

내전(Pronation)	외전(Supination)
발바닥 아치가 낮음	발바닥 아치가 높음
발의 주상골이 아래로 내려와 있음	발의 주상골이 올라가 있음
신발의 엄지 쪽이 먼저 닳는 편	신발의 뒤꿈치 바깥쪽이 먼저 닳는 편
주로 안정화를 추천	쿠션화를 추천

안정화 추천: 젤카야노 시리즈

<안정화 추천: 젤카야노 시리즈>　　　　　　　　출처: 런주호 블로그

<쿠션화 추천: 젤님버스 시리즈>　　　　　　　출처: 아식스 공식홈페이지

물론 걸을 때와 달릴 때 발을 딛는 습관이나 방법에 따라 유형이 달라지는 경우도 있습니다. 걸을 땐 외전의 모습을 보이다 달릴 땐 내전이 되는 식이지요.

따라서 가급적 'FOOT SCANNING'을 전문적으로 하는 전문가에게 상담을 받고 본인의 발을 측정해 보는걸 추천합니다!

▌거리에 따라 선택하는 러닝화

러닝 거리에 따라 적합한 러닝화 종류는 크게 다음과 같이 분류됩니다.

1. 단거리 러닝화 (5km 이하)

• 경량하고 유연한 디자인: 빠른 속도와 민첩성을 위해 가볍고 유연한 소재로 제작됩니다.

• 뛰어난 탄력성: 발놀림이 잦은 단거리 러닝에서 발에 가해지는 충격을 효과적으로 흡수합니다.

- 뛰어난 그립력: 다양한 러닝 환경에 적합하고, 방향 전환에 필요한 밑 창에 우수한 그립력 필요합니다.

2. 중거리 러닝화 (5km~10km)

- 편안함과 탄력성의 조화: 단거리 러닝화보다 탄력성이 더 좋고, 발에 부담을 줄 수 있는 충격을 효과적으로 흡수합니다.
- 적절한 안정성: 발목과 발을 안정적으로 지지하여 장거리 달리기에서 발생하는 피로를 줄여줍니다.
- 뛰어난 통기성: 발이 쉽게 땀을 배출할 수 있도록 통기성이 좋은 소재 로 제작된 러닝화가 필요합니다.

3. 장거리 러닝화 (10km 이상)

- 최고의 쿠션성: 발에 가해지는 충격을 최대한 흡수하여 피로를 최소화 하고 장거리 러닝에 편안한 러닝화를 말합니다.
- 뛰어난 안정성: 발목과 발을 안정적으로 지지하여 장거리 달리기에서 발생하는 피로와 부상을 예방합니다.
- 내구성: 마모가 심한 장거리 러닝에서도 오래도록 견딜 수 있도록 내 구성이 뛰어난 소재로 제작됩니다.

4. 레이싱화 (마라톤, 경기)

- 초경량 디자인: 최고의 기록을 위해 가볍고 열 배출에 좋은 소재의 디자인으로 제작됩니다.
- 뛰어난 반발력: 러닝시 강력한 반발력을 제공하여 빠른 속도를 유지하도록 돕습니다.
- 민감한 밑창: 뛰어난 지면 그립감과 민첩성을 위해 얇고 제조사별로 최신 기술의 밑창을 사용합니다.

참고

- 이 외에도 다양한 종류의 러닝화가 있으며, 개인의 발 모양, 발걸음, 선호하는 러닝 스타일 등에 따라 적합한 러닝화는 달라질 수 있습니다.

▌러닝의 신체적, 심리적 효과에 대한 연구 결과

러닝을 하면 몸에서 스트레스를 해소하고 기분을 좋게 하는 '베타엔도르핀'이라는 신경 물질이 증가하기 시작합니다. 덕분에 일상에서 받은 스트레스와 걱정들이 러닝 중, 러닝 후에 점차 사라져 가는 것을 실제로 느낄 수 있게 될 것입니다. 러닝, 건강과 마음을 한 번에 잡는 꿀잼 운동! 달리는 숨결, 뛰는 심장, 땀방울이 그리는 궤적. 러닝은 단순한 운동을 넘어, 건강과 마음을 한 번에 잡는 꿀잼 운동이라고 해도 과언이 아닙니다. 과학적으로도 학술적으로도 많은 연구 자료와 논문이 있죠! 이렇듯 러닝의 놀라운 효과는 객관적으로 입증이 되었습니다.

1. 건강 지킴이, 러닝!

- 체력 향상: 러닝은 심혈관 건강을 강화하고, 근력과 지구력을 높여 몸을 더욱 건강하게 만들어줍니다. 마치 슈퍼히어로처럼 말이죠!

- 체중 감량: 러닝은 열량 소모량이 커서 체중 감량에 효과적입니다. 야외 러닝은 실내 러닝보다 더 많은 열량을 태울 수 있다는 사실을 알고 있나요? 밖에서 러닝할 때 불어오는 맞바람, 일정하지 않은 경사도와 주변 환경에서 발휘되는 순간적인 대처 능력 등으로 인해, 실내에서 트레드밀(러닝머신)을 이용할 때와 같은 거리라도 더 큰 열량 소모가 일어납니다. 또 시시각각 변화하는 주로의 각도에 우리의 신체가 적응하고 반응해 신체 각 관절과 근육의 안정성을 높여줍니다.

- 만성질환 예방: 러닝은 당뇨병, 심장질환, 고혈압, 뇌졸중 등의 만성질환 예방에도 도움을 줍니다. 100세 시대를 준비하는 우리의 건강한 평생 파트너라고 할 수 있습니다!

- 면역력 강화: 러닝은 면역력을 높여 질병에 대한 저항력을 높여줍니다. 면역력이 좋아지고 내 몸이 더 강해지면 더욱더 할 수 있는 사회적인 활동과 기회가 많아집니다!

2. 마음까지 행복하게, 러닝!!

- 스트레스 해소: 러닝은 스트레스 호르몬을 감소시키고, 행복감을 높이는 엔도르핀을 분비시켜 스트레스 해소에 효과적입니다. 러닝을 하면 마음이 편안해지고 기분이 좋아져 삶에 긍정적인 에너지가 넘치게 됩니다!

- 우울증 완화: 러닝은 우울증 증상을 완화하고, 정신 건강 증진에 도움이 됩니다. 마치 마음의 어둠을 밝히는 등대와 같은 역할을 하는 것이지요.

- 자존감 향상: 러닝 목표를 달성하고 체력이 향상되면 자존감도 높아져 자신감 넘치는 멋진 사람이 될 수 있습니다.

- 수면 개선: 러닝은 수면의 질을 향상해 더 깊고 편안하게 잠들 수 있도록 도와줍니다. 숙면을 취하면 피로 해소에 좋고, 다음 날에도 활기찬 에너지로 가득 차게 됩니다! 만약 여러분이 잠에 잘 못 들거나 수면의 질이 떨어진다고 느끼신다면 바로 나가서 달려보세요!

러닝은 건강과 마음을 한 번에 잡는 꿀잼 운동입니다. 수많은 박사님들의 과학적인 연구 결과에 따르면 러닝의 놀라운 효과를 입증하고 있는 자료들은 정말 많습니다. 자, 오늘부터 러닝을 시작해서 건강하고 행복한 삶을 향해 나아가 보는건 어떨까요!

참고 링크: dbpia.co.kr

▍러닝을 지속하는 방법에 대한 노하우! 러닝! 절대로 힘든 것이 아닙니다!

러닝 습관을 꾸준히 지속하기 위해 가장 중요한 것은 러닝이 지루하고 힘들지 않아야 한다는 것입니다.

지루하고 힘들지 않기 위해서는 우선 부상이 없어야 합니다. 여기에 더해 러닝을 지속하면서 경험하는 여러 가지 변화들, 그 과정과 결과에서 맛보는 성취감까지 겪어야만, 타의가 아닌 온전한 자의로 러닝을 즐겁게 지속할 수 있습니다.

러닝, 즐겁게 꾸준히 하는 법!

1. 새로운 코스를 탐험하자!: 늘 같은 코스가 지겹다면 오늘은 반대편 길로, 내일은 옆 동네에서 달려보세요! 새로운 길, 예쁜 경치, 맛집 발견! 러닝이 나를 탐험가로 만들어 줄 겁니다!

2. 함께 달려볼까?: 생각을 정리하며 혼자 달리는것도 좋지만, 러닝크루, 친구, 가족과 같이 달려보세요! 이런저런 이야기를 하면서 달리고 같이 땀 흘리고 웃고 떠드는 동안 또 다른 재미를 느낄 수 있습니다!

3. 러닝 기록 관리!: 러닝 기록을 관리해 주는 정말 무수히 많은 앱이 있습니다. 스마트폰 제조사에서 기본적으로 제공하는 건강 앱부터 스포츠 브랜드에서 출시한 앱까지! 러닝할 때마다 기록하면 그게 바로 나만의 성장 스토리입니다!

4. 무엇보다 러닝 자체를 즐기는 마음!: 목표보다 과정에 집중해 보세요!
   러닝하면서 느끼는 해방감, 자유를 즐기고 작은 것 하나에도 행복함과
   감사함을 느껴보는건 어떨까요?
5. 좋아하는 음악 들으면서 러닝하기!
6. 자연 속에서 달리거나 화려한 도심을 통과하며 달려보기!
7. 러닝하고 나서 맛있는 간식 먹기! (과식과 과음은 NO!)
8. 러닝 전 스트레칭과 웜업, 러닝 후 쿨다운과 스트레칭 꼭 챙기기!

▌러닝, 천천히 해도 괜찮아? 저강도 심박수가 주는 신체 변화

이슬기 저자의 '달리기 처방전' 책에서는 천천히 러닝을 꾸준하게 하면 심장의 크기 증대로 인한 1회 혈액 박출량 증가로 고강도 운동 상황에서도 빠르게 안정 심박수로 돌아오며, 체력을 회복하고 운동 총량을 늘리는데 도움이 된다고 말합니다.

장기간 저강도 러닝의 놀라운 효과: 과학적 근거와 페이스 향상 전략

저강도 러닝은 많은 사람들에게 쉽게 접근 가능하고 지속 가능한 운동 방법으로 사랑받고 있습니다. 저강도 러닝은 장기간 지속했을 때 어떤 효과를 가져올까요? 과학적 연구 결과를 바탕으로 저강도 러닝의 놀라운 효과와 함께, 점점 더 빠르게 달리는 페이스 향상 전략까지 알아보겠습니다.

1. 건강에 미치는 놀라운 효과

1.1 심혈관 건강 강화

미국심장협회(AHA) 연구 결과, 저강도 러닝은 심장병 발병 위험을 40%까지 감소시키고, 혈압과 콜레스테롤 수치를 개선하며, 심장 기능을 향상하는 것으로 나타났습니다.

참고링크: heart.org/

영국심장재단(BHF) 연구 결과, 저강도 러닝은 뇌졸중 발병 위험을 35% 감소시키고, 당뇨병 발병 위험을 26% 감소시키는 것으로 밝혀졌습니다.

참고링크: bhf.org.uk/

1.2 체중 조절 및 지방 감소

캘리포니아대학교 샌프란시스코(UCSF) 연구 팀은 저강도 러닝이 체중 감소와 유지에 효과적이며, 특히 복부 지방 감소에 큰 도움이 된다는 것을 입증했습니다.

참고링크:ucsf.edu

노르웨이과학기술대학교(NTNU) 연구 팀은 저강도 러닝이 체지방 감소뿐만 아니라 근육량 유지에도 도움이 된다는 것을 발견했습니다.

참고링크:ntnu.edu

1.3 정신 건강 증진

하버드대학교 연구에 따르면, 저강도 러닝은 스트레스, 불안, 우울증 증상을 완화하고, 기분을 개선하며, 자존감을 높이는 데 효과적입니다. 참고링크:harvard.edu/

오스트레일리아 모내시대학교 연구 팀은 저강도 러닝이 인지 기능 향상과 기억력 증진에 도움이 된다는 것을 밝혀냈습니다. 참고링크: monash.edu/

1.4 면역력 강화

미국스포츠의학회(ACSM) 연구에 따르면, 저강도 러닝은 면역 체계를 강화하고, 감염에 대한 저항력을 높여줍니다. 참고링크:acsm.org

한국체육과학연구원 연구 결과, 저강도 러닝은 백혈구 기능을 향상하고, 염증 반응을 감소시키는 것으로 나타났습니다. 참고링크: sports.re.kr

2. 러닝 초보 탈출! 점점 더 빨라지는 러닝 페이스 향상 전략

2.1 지속적인 러닝

꾸준히 러닝하는 것이 가장 중요합니다. 처음에는 짧은 거리나 느린 속

도로 시작해도 괜찮습니다. 시간이 지날수록 거리나 속도를 점차 늘려나가
보세요. 주 3~5회, 30분 이상의 러닝을 목표로 하는 것이 좋습니다.

2.2 인터벌 러닝

같은 속도로 지속적으로 달리는 것보다, 빠르고 느린 속도를 번갈아 가
면서 하는 간격 운동이 페이스 향상에 효과적입니다.

3. 언덕길(업힐) 훈련

3.1 적절한 워밍업

언덕길 달리기 전에 충분히 워밍업을 하고 스트레칭을 하여 각 부위의
가동범위 확보와 부상을 예방하세요.

3.2 믹스 훈련

언덕길 훈련과 평지 러닝을 함께 혼합하여 훈련하세요. 예를 들어, 3km
평지 달리기를 하고 1km 언덕 달리기를 반복하는 방식으로 훈련할 수 있
습니다.

3.3 강도 조절

처음에는 느린 속도로 시작하고, 점차 속도를 높여나가세요. 너무 힘들게 느껴진다면 속도를 낮추고 저강도로 훈련 강도를 변경하세요.

3.4 충분한 휴식

언덕길 훈련은 근육에 많은 스트레스를 줍니다. 충분한 휴식을 취하고 다음 훈련 전에 근육이 충분히 회복될 수 있도록 수분섭취와 근육의 회복 시간을 지켜주세요.

3.5 주의 사항

무릎이나 관절에 통증이 있는 경우 언덕길 달리기를 피하세요. 또한, 더운 날씨에는 과도한 탈수를 방지하기 위해 충분한 수분을 섭취하세요.

4. 언덕길 훈련 예시

4.1 초보자

10분 가벼운 조깅 워밍업 → 1km 완만한 언덕을 느린 속도로 오르막 달리기 → 1분 휴식 → 1km 완만한 언덕을 느린 속도로 내리막 달리기 → 1분 휴식 → 이 과정을 3회 반복 → 10분 가벼운 스트레칭 쿨다운

4.2 중급자

15분 가벼운 조깅 워밍업 → 2km 중간 경사의 언덕을 빠르게 오르막 달리기 → 1분 휴식 → 2km 중간 경사의 언덕을 빠르게 내리막 달리기 → 1분 휴식 → 이 과정을 2회 반복 → 15분 가벼운 스트레칭 쿨다운

4.3 고급자

20분 가벼운 조깅 워밍업 → 3km 험한 언덕을 최대한 빠르게 오르막 달리기 → 1분 휴식 → 3km 험한 언덕을 최대한 빠르게 내리막 달리기 → 1분 휴식

구분	저강도 러닝	언덕길 달리기
강도	낮음	높음
심박수	평소보다 약간 높음	크게 높음
에너지 소모	적음	많음
근육 사용	주로 하체	전신
효과	심혈관 건강 개선, 체중 조절, 스트레스 해소	근력 강화, 심폐 지구력 향상, 페이스 향상

3

부상을 줄이는 방법
(러닝 아나토미 : 부상/컨디셔닝 파트)

지독히도 남의 말을
듣지 않았던 나!

▌ 워밍업이 필요한 이유

러닝을 하기 전에 워밍업이 필요한 이유는 학술적으로도 광범위하게 연구되고 있습니다. 다양한 연구들이 워밍업의 중요성을 강조하고 다음과 같은 이유들을 제시하고 있습니다.

1. 근육 및 관절의 온도 상승

워밍업은 근육 및 관절 온도를 증가시켜 혈류를 촉진합니다. 혈액이 골고루 몸속에 퍼지면, 근육 컨디션에도 도움이 많이 되겠죠? 결론적으로 워밍업은 유연성을 향상해 상해의 위험을 감소시키고 운동 성능을 향상합니다.

2. 신경-근육 시스템 활성화

워밍업은 신경-근육 사이의 시스템을 활성화해 근육 수축 및 릴랙세이션에 더 빠르게 반응할 수 있도록 합니다. 이는 반응 속도를 향상해 빠른 움직임에 대한 대응을 개선할 수 있습니다.

3. 혈중 산소 및 영양소의 공급 증가

워밍업을 하면 본 운동시 혈액 순환이 증가하여 근육에 더 많은 산소와 영양소를 공급합니다. 이는 근육의 에너지 생산을 지원하고 지구력을 향상합니다.

4. 스트레스 호르몬 감소

적절한 워밍업은 스트레스 호르몬인 코르티솔을 감소시켜 신체의 불필요한 긴장을 완화합니다. 이는 근육의 피로를 감소시키고 부상의 위험을 감소시킬 수 있습니다.

5. 신체의 미세 조절 및 조정

워밍업은 신체의 미세한 조절 및 조정을 가능하게 합니다. 이는 균형, 자세, 운동의 정확성을 향상하며 이로써 부상을 예방할 수 있습니다.

이러한 내용은 달리기를 비롯한 다양한 운동 전에 워밍업이 필요한 이유를 학술적으로 뒷받침하고 있습니다. 워밍업은 운동 성능의 향상과 부상 예방에 기여하여 건강하고 효과적인 운동을 지원하는 중요한 단계입니다.

▌러닝, 즐거움을 잡는 꿀팁! 대미지 없이 달리는 법

러닝은 건강과 행복을 선사하는 최고의 운동이지만, 무리하면 대미지가 올 수 있다는 사실을 알고 계신가요? 여기에서는 러닝 중 대미지를 줄일 수 있는 꿀팁을 알려드리겠습니다!

1. 러닝 전 준비운동, 필수!

마치 자동차 엔진 예열처럼, 러닝 전 준비운동은 필수! 근육을 풀어주고 혈액 순환을 도와 러닝 시 입는 대미지 예방에 효과적입니다. 스트레칭과 가벼운 유산소운동을 5-10분 정도 해주면 매우 좋습니다!

2. 자신에게 맞는 페이스 유지!

　너무 빨리 달리는 것, 무리한 오버페이스가 대미지의 주범입니다! 자신의 러닝 수준에 맞는 페이스를 유지하는 것이 정말 중요합니다. 호흡이 힘들거나, 말을 할 수 없을 정도로 힘들다면 속도를 줄여야 합니다.

3. 올바른 자세가 올바른 러너를 만든다! 러닝 간 대미지 차단 필살기

　바른 러닝 자세는 대미지를 막는 최고의 필살기입니다! 시선은 전방 15도 아래를 향하고, 허리를 편하게 펴고, 팔꿈치는 약 90도로 유지하며, 어깨에 힘을 빼고, 발 착지를 할 때에는 충격이 고루 분산될 수 있도록 발이 몸에서 멀리 떨어지지 않고 땅에 닿도록 해야 합니다. 러닝의 착지법에는 크게 세 가지가 있습니다.

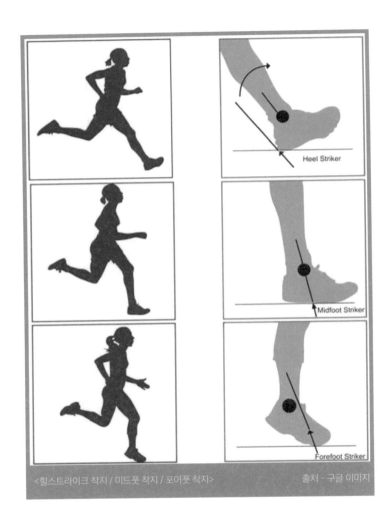

<힐스트라이크 착지 / 미드풋 착지 / 포어풋 착지>

출처 - 구글 이미지

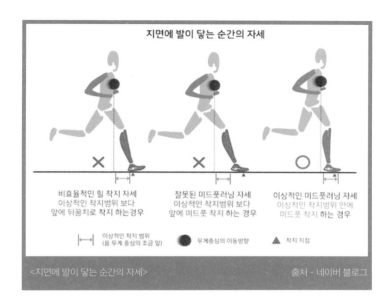

지면에 발이 닿는 순간의 자세

비효율적인 힐 착지 자세	잘못된 미드풋러닝 자세	이상적인 미드풋러닝 자세
이상적인 착지범위 보다	이상적인 착지범위 보다	이상적인 착지범위 안에
앞에 뒤꿈치로 착지 하는경우	앞에 미드풋 착지 하는 경우	미드풋 착지 하는 경우

├─┤ 이상적인 착지 범위
(몸 무게 중심의 조금 앞)

● 무게중심의 이동방향

▲ 착지 지점

<지면에 발이 닿는 순간의 자세>

출처 - 네이버 블로그

미드풋 착지를 올바르게 하면 발의 중족부가 먼저 지면에 닿아 달릴 때에 평소 체중의 3~4배 정도 되는 하중의 충격을 골고루 분산해 줍니다.

그렇다면 뒤꿈치 착지가 안 좋은 착지 일까요? 아닙니다. 국내외 유명 마라토너 중에는 힐풋러너도 많습니다. 체중, 체형, 러닝하는 속도나 지면의 경사도에 따라 적절한 착지법은 그때그때 다르며 여러가지 변수가 있습니다.

예를들어, 내리막에서 미드풋 착지법으로 평지에서처럼 보폭을 유지하면서 안정적으로 러닝을 할 수 있을까요? 중력에 의해 점점 가속되는 속도로 인해 부상을 당할 수 있습니다. **이처럼 상황에 맞는 착지법이 필요하다고 생각합니다.** 하지만 저는 보통의 경사도와 전체적인 레이스에서 '주로' 미드풋을 활용해 체중을 최대한 분산하는 효과를 얻기 위해 미드풋 착지법을 열심히 연습했습니다. 빨리 달리는 단거리 선수들은 포어풋으로 열심히 땅을 움켜쥐면서 치고 나가고 장거리 선수들은 미드풋과 힐풋, 또 그때그때 상황에 맞는 착지법을 사용합니다. 장거리 레이스 안에서 스프린트 시 포어풋을 활용하기도 하고요.

결론은, 내게 맞는 착지법을 연습하고 상황과 속도에 따른 착지 훈련을 한 결과, 장거리 레이스를 준비하는 과정과 대화에서도 통증과 부상이 줄었습니다. (체중 증가로 인해 발목에 무리가 생기긴 했지만요.)

4. 충분한 휴식, 러닝의 숨은 비결!

러닝 후 충분한 휴식을 취하는 것도 대미지 예방에 중요합니다. 휴식도 운동의 연장이니까요.

근육을 회복하고 피로를 풀기 위해 골고루 영양 섭취를 하고, 충분한 수면을 취하며, 리커버리 스트레칭을 해주는 것이 좋습니다.

5. 러닝 기록, 꾸준히 관리!

러닝 기록을 꾸준히 관리하면 자신의 러닝 패턴을 파악하고, 대미지를 예방하는 데 도움이 됩니다. 러닝 거리, 시간, 페이스, 심박수 등을 스마트 워치를 활용해 기록해 보는 것을 추천합니다. 전문 엘리트 선수들과 다르게 우리 일반인들은 관리도, 회복도 모두 스스로 해야 하기 때문입니다. 기록이 쌓이면 그 기록을 토대로 얼마나 휴식이 필요한지, 또 얼마나 자주 연습해야 하는지 직접 플래닝할 수 있습니다!

6. 전문가의 도움, 대미지 걱정 끝!

혼자 연습하고 공부하는 것도 좋지만 전문가의 도움을 받는 것은 더욱 추천합니다!

대미지가 걱정된다면 전문 러닝 코치나 트레이너에게 도움을 받을 수 있습니다. 특히 사람마다 각기 다른 신체 구조와 습관이 있기 때문에 발 분석(풋 스캐닝)과 자세 교정 등을 받는 것이 중요합니다.

전문과와 함께하면 자신의 체력 수준과 목표에 맞는 러닝 프로그램을 제공받아 안전하고 효과적으로 러닝을 즐길 수 있습니다.

러닝은 즐기는 것이 제일 중요합니다. 제가 공유해 드린 꿀팁을 활용하여 안전하고 즐겁게 러닝을 즐겨보세요!

▎쿨다운의 필요성

1. 혈액 순환의 점진적 감소

쿨다운은 운동 중 증가한 혈액 순환을 점진적으로 감소시키는 데 도움을
줍니다. 심장 및 혈관 시스템의 부드러운 조절을 통해 혈액 순환을 안정시
키면서 신체에 부담을 줄여줍니다.

2. 근육 산소 공급의 점진적 감소

쿨다운은 운동 후 근육의 산소 소비를 점진적으로 감소시키는 데 기여합
니다. 이는 근육의 피로를 덜어주고, 산소 공급과 이산화탄소 제거를 조절
하여 근육 회복을 촉진합니다.

3. 젖산 및 부산물 제거

운동 중 생성된 젖산과 다른 대사 부산물들은 쿨다운을 통해 효과적으로
제거됩니다. 이는 근육의 긴장을 완화하고 산소 공급을 최적화하여 회복
속도를 높입니다.

4. 신체 온도의 점진적 감소

쿨다운은 운동 후 신체 온도를 천천히 낮추는 데 도움을 줍니다. 신체 온도가 급격하게 하락하지 않도록 조절하여 부상의 위험을 감소시키고 근육 및 인대의 유연성을 유지합니다.

5. 신경계 조절 및 심리적 효과

운동 후의 쿨다운은 신경계를 안정시켜 심리적으로 편안한 상태로 돌아가는 데 도움을 줍니다. 긴장을 완화하고 스트레스를 감소시켜 전반적인 신체와 정신의 안정을 촉진합니다.

▌운동 후 쿨다운이 신경계 활동에 미치는 영향

심박수 변이도(HRV) 분석:

연구: 20분 트레드밀 운동 후 10분 쿨다운을 한 그룹과 쿨다운 없이 휴식한 그룹을 비교 분석했습니다. (구조화된 문헌 검색을 통해 최신 연구 확인)

결과: 쿨다운 그룹은 휴식 그룹에 비해 심박수 변이도(HRV)가 유의하게 증가했습니다. HRV는 자율 신경계(ANS) 활동의 지표로, 높은 HRV는 스트레스 감소와 이완 상태를 나타냅니다.

출처링크 :www.sciencedirect.com

▌운동 후 쿨다운이 스트레스와 불안 감소에 미치는 영향

스트레스 호르몬 변화:

연구: 30분 조깅 후 10분 쿨다운을 한 그룹과 쿨다운 없이 휴식한 그룹을 비교 분석했습니다.

결과: 쿨다운 그룹은 휴식 그룹에 비해 코티솔(cortisol) 수치가 유의하게 감소했습니다. 코티솔은 스트레스 호르몬으로, 감소는 스트레스 감소를 나타냅니다.

출처링크:frontiersin.org

이러한 학술적인 연구들은 러닝 후 쿨다운이 신체를 회복하고 다음 운동 세션에 대비하는 데 효과적임을 제시하고 있습니다. 이는 부상 예방과 운동 성능 향상에 기여하여 건강한 운동 습관을 유지하는 데 중요한 역할을 합니다.

강화해야 하는 근육

러너를 위한 맨몸 및 소도구(탄성밴드 활용) 운동

이번 파트는 초보자들도 최대한 알기 쉽고 따라하기 쉬운 동작을 위주로 간결하게 설명해 보았습니다. 러닝은 하체 근육을 주로 사용하지만, 러닝 시 몸의 기울기와 팔치기 등, 신체의 밸런스가 균등하게 유지되어야 부상을 예방하며 끝까지 완주할 수 있습니다. 따라서 하체뿐 아니라 상체 근력 강화 또한 중요합니다. 특히 장거리 러닝 시 후반부에 접어들어 신체의 에너지가 고갈되었을 때도 상체의 역할이 매우 큽니다. 팔 스윙으로 몸의 리듬을 계속 유지해서 레이스를 지속할 수 있기 때문에 상체도 하체와 균형을 맞추어 트레이닝을 해줘야 합니다. 아래에서 맨몸 또는 소도구(탄성 밴드)를 활용해 언제 어디서든 간단하고 효과적으로 할 수 있는 상체 & 하체 스트레칭 및 본 운동을 설명해 보겠습니다.

주의사항

- 모든 스트레칭은 통증이 느껴지지 않는 본인의 가동범위 안에서 천천히 해야 합니다.
- 호흡을 멈추지 말고 자세에 힘을 빼고 자연스럽게 유지해야 합니다.
- 본 운동 전, 반드시 스트레칭을 먼저 진행해 줍니다.
- 횟수와 반복은 자신의 체력 수준에 맞게 조절합니다.
- 운동 중 통증이 느껴지면 즉시 중단하고 의료 전문가에게 문의합니다.

스트레칭

❙ 목 스트레칭

- 천천히 머리를 좌측, 우측, 전면, 후면을 각각 천천히 늘려 줍니다.

- 각 방향으로 숨을 호흡을 편하게 내쉬며 10초간 동작을 진행해 줍니다.

목 스트레칭 좌

목 스트레칭 우

목 스트레칭 위

목 스트레칭 아래

▌다이빙 스트레칭

- 손바닥을 마주 보고 서로 맞대고 손바닥을 가슴 앞에 둡니다.
- 모은 손을 전방으로 쭉 펴주며 호흡을 뱉습니다. 등 후면 근육이 이완
  되는 것을 느낍니다.
- 동작을 10초 유지 후 3~5회 반복합니다.

다이빙 스트레칭1

다이빙 스트레칭2

▌고양이 자세

- 무릎과 양팔을 지면에 대고 상체를 지면과 수평으로 만들어 줍니다.

- 호흡을 내쉬며. 목부터 꼬리뼈까지 둥글게 말아줍니다.

- 동작을 10초 유지 후 3~5회 반복 합니다.

고양이 자세1

고양이 자세2

▌ 팔 뒤로 뻗기

- 한쪽 팔을 뒤로 뻗고 손바닥이 바닥을 향하게 합니다.

- 반대편 팔로 뻗은 팔의 팔꿈치를 잡아당겨 줍니다.

- 어깨가 뒤로 당겨지는 것을 느낍니다.

- 10-30초 유지하고 반대편도 동일하게 합니다.

팔 뒤로 뻗기

▌팔 교차하기

- 한 쪽 팔을 옆으로 두고 반대 팔을 가슴쪽으로 잡아당겨 줍니다.

- 시선은 뻗어 있는 팔과 반대 방향을 바라보며 호흡을 내쉽니다.

- 10-30초 유지하고 반대편도 동일하게 합니다.

팔 교차하기

▌팔 꿈치 당기기

- 한쪽 팔을 머리 뒤로 넘기고 팔꿈치를 지긋이 당겨 줍니다.

- 10-30초 유지하고 반대편도 동일하게 합니다.

팔꿈치 당기기

본운동

▌푸시업(Push-up)

- 바닥에 엎드려 손바닥을 어깨너비로 벌리고 발끝을 짚습니다.
- 몸을 곧게 펴고 천천히 팔꿈치를 구부려 가슴이 바닥에 닿을 때까지 내려갑니다.
- 다시 팔꿈치를 펴서 원래 자세로 돌아옵니다.

푸시업1

푸시업2

▌플랭크(Plank)

- 팔꿈치를 바닥에 대고 엎드린 자세에서 시작합니다.

- 발끝을 짚고 몸을 곧게 펴서 몸을 지탱합니다.

- 복부 근육에 힘을 주고 30초 이상 유지합니다.

플랭크

▌딥스(Dips)

- 의자를 등지고 앉아 손바닥을 의자 뒤쪽 가장자리에 댑니다.
- 엉덩이를 의자에서 떼어내고 팔꿈치를 구부려 몸을 수직으로 내려갑니다.
- 다시 팔꿈치를 펴서 원래 자세로 올라옵니다.

딥스1

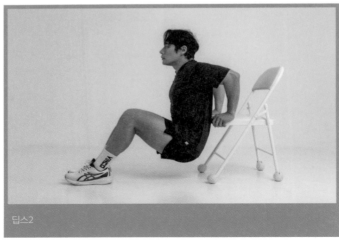

딥스2

▌슈퍼맨(Superman)

- 바닥에 엎드린 자세에서 팔과 다리를 동시에 들어 올립니다.

- 몇 초간 유지하고 다시 바닥으로 내립니다.

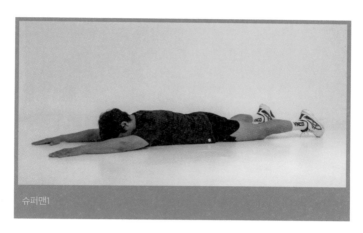

슈퍼맨1

슈퍼맨2

탄성밴드의 활용

▌ 로우(Row)

- 탄성밴드를 발에 걸치고 양손으로 잡습니다.
- 허리를 앞으로 숙이고 팔꿈치 각도는 90도를 유지하며 밴드를 당겨 올립니다.
- 천천히 원래 자세로 돌아옵니다.

로우1

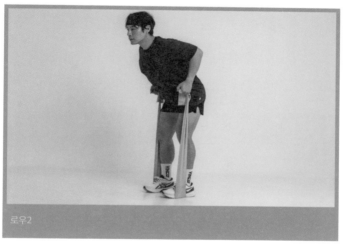

로우2

스트레칭

▌앞 허벅지 스트레칭

- 한 쪽 발을 뒤로 굽혀 같은 방향 팔로 발목을 잡고 위쪽으로 잡아당겨 줍니다.
- 중심 잡기가 어려울 경우 기둥 또는 벽에 손을 대고 진행 합니다.
- 10-30초 유지하고 반대편도 동일하게 합니다.

앞 허벅지 스트레칭

▌뒤 허벅지 (햄스트링) 스트레칭

- 한 쪽 발목을 잡고 호흡을 내 쉬며 가슴을 최대한 무릎에 붙입니다.
- 10-30초 유지하고 반대편도 동일하게 합니다.

뒤 허벅지 스트레칭1

뒤 허벅지 스트레칭2

▌종아리 스트레칭

- 한 쪽 발의 코 부분을 잡고 호흡을 내 쉬며 상체를 최대한 숙여 줍니다.

- 10-30초 유지하고 반대편도 동일하게 합니다.

종아리 스트레칭

내전근 스트레칭

- 양발을 어깨 넓이보다 넓게 벌리고, 발의 각도는 몸 바깥을 향하게 둡니다.
- 호흡을 내 쉬며 무릎 안쪽을 밖으로 지긋이 밀어내며 시선은 반대 방향을 봅니다.
- 10-30초 유지하고 반대편도 동일하게 합니다.

내전근 스트레칭

본운동

▌ 런지

- 어깨 너비만큼 발을 벌리고 서서, 한쪽 다리를 앞으로 한 걸음 내딛습니다.
- 앞 무릎이 90도 각도를 이루도록 몸을 낮춥니다. 이때, 무릎이 발끝보다 앞으로 나가지 않도록 주의합니다.
- 뒤 무릎은 바닥에 닿지 않도록 주의합니다.
- 몸통은 똑바로 유지하고, 허리를 구부리지 않습니다.
- 원래 자세로 돌아와 반대쪽 다리로 동작을 반복합니다.

런지

▌ 스쿼트

- 마치 의자에 앉듯이 엉덩이를 뒤로 밀면서 무릎을 굽힙니다.
- 무릎이 90도 각도가 될 때까지 쭈그리고 앉습니다. 이때, 무릎이 발끝보다 앞으로 나가지 않도록 주의합니다.
- 엉덩이 근육과 허벅지 앞쪽 근육으로 힘을 주어 천천히 일어섭니다.
- 완전히 일어선 후 다시 시작 자세로 돌아옵니다.

스쿼트

▍힙브릿지

- 등을 바닥에 대고 누워서 무릎을 구부립니다. 발은 바닥에 평평하게 놓고, 어깨 너비만큼 벌립니다.
- 팔은 옆으로 펴거나, 몸 아래에 넣습니다.
- 천천히 엉덩이를 들어 올려 천장 방향으로 밀어 올립니다.
- 엉덩이가 올라가면서, 몸은 직선이 되도록 유지합니다.
- 엉덩이가 최고 지점에 도달하면, 1~2초간 자세를 유지합니다.
- 천천히 엉덩이를 내려와 시작 자세로 돌아옵니다.

힙브릿지1

힙브릿지2

▌ 카프레이즈

- 발뒤꿈치로 몸을 들어 올려 발끝만 바닥에 닿도록 합니다.
- 최고 수축 지점에서 1~2초간 자세를 유지합니다.
- 천천히 발뒤꿈치로 내려와 시작 자세로 돌아옵니다. 이때, 뒤꿈치가 바
  닥에 완전히 닿기전에 다시 발꿈치를 올려 종아리를 수축해 줍니다.

카프레이즈1

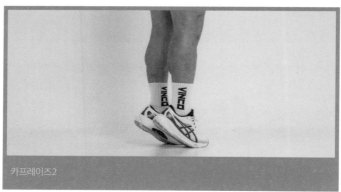

카프레이즈2

런주호의 워밍업, 스트레칭 실제 루틴을 영상에 담았습니다.

더 효율적인 루틴들은 계속 연구해서 유튜브에 지속적으로 업데이트 하겠습니다.

러너를 위한 워밍업&스트레칭 루틴 영상

4

러닝 실력을 늘리는 방법
(초급/중급)

초급 러너
(10km 미만 마라톤)

▌ **목표**

- 꾸준히 달리는 습관 만들기
- 부상 방지
- 기본적인 러닝 기초 다지기

▌ **추천 노하우**

- 걷기-달리기 교차 운동: 처음부터 무리하지 않고 걷기와 달리기를 번
  갈아 하는 교차 운동으로 시작합니다. 걷는 시간을 점차 줄이고 달리
  는 시간을 늘려나가면서 지구력을 키워줍니다.

- 짧은 거리 반복: 처음부터 먼 거리를 달리는 것보다 짧은 거리를 반복하는 것이 효과적입니다. 2-3km 정도의 짧은 거리를 꾸준히 달리면서 지구력과 근력을 기르고, 점차 거리를 늘려나가면서 목표 거리 달성을 목표로 합니다.

- 템포 조절: 항상 같은 속도로 달리는 것보다 빠르고 느린 템포를 번갈아 하는 것이 좋습니다. 빠른 템포는 심폐 기능 강화, 느린 템포는 지구력 향상에 도움을 줍니다.

- 충분한 휴식: 러닝 다음 날에는 충분한 휴식을 취하여 피로를 풀어주는 것이 중요합니다. 근육 회복과 체력 재충전을 위해 스트레칭, 마사지, 수면 등을 충분히 취해야 합니다.

- 적절한 장비: 편안한 러닝화와 옷을 착용하는 것은 부상 방지와 러닝 효율 향상에 필수적입니다. 본인의 발 모양과 러닝 스타일에 맞는 러닝화를 선택하고, 계절에 맞는 옷을 착용하여 쾌적하게 달릴 수 있도록 합니다.

중급 러너
(10km 이상 마라톤)

▌ 목표

- 지구력 향상
- 속도 향상
- 러닝 다양화

▌ 추천 노하우

- 인터벌 트레이닝: 빠른 템포와 느린 템포를 번갈아 하는 인터벌 트레이닝은 지구력과 속도 향상에 효과적입니다. 다양한 인터벌 트레이닝 프로그램을 활용하여 러닝 효율을 높일 수 있습니다.

- 장거리 달리기: 주말에 장거리 달리기를 추가하면 지구력 향상에 도움이 됩니다. 템포를 너무 높이지 않고 천천히 꾸준히 달리는 것이 중요합니다.

- 경사로 달리기: 경사로 달리기는 다리 근육 강화와 심폐 기능 향상에 효과적입니다. 러닝머신 또는 언덕을 활용하여 경사로 달리기를 시도해 보세요.

- 다양한 코스: 늘 같은 코스를 달리는 것보다 다양한 코스를 달리는 것이 심심함을 방지하고 새로운 경험을 제공합니다. 숲, 산, 공원 등 다양한 환경에서 달리면서 러닝의 즐거움을 느껴보세요.

- 달리기 그룹 참여: 달리기 그룹에 참여하면 혼자 달리는 것보다 더 꾸준히 달릴 수 있고, 다른 러너들과 정보를 공유하며 동기 부여를 얻을 수 있습니다.

- 크로스 트레이닝: 러닝 외에 다른 운동을 병행하면 부상 방지와 러닝 효율 향상에 도움이 됩니다. 수영, 자전거 타기, 요가 등 다양한 크로스 트레이닝을 선택할 수 있습니다.

▌주의 사항

- 러닝 계획은 본인의 체력 수준과 목표에 맞게 설정해야 합니다.

- 무리하지 않고 꾸준히 달리는 것이 중요합니다.

- 충분한 휴식과 수분 섭취를 통해 피로를 관리해야 합니다.

- 자신의 몸 상태를 잘 관찰하고, 통증이 느껴지면 즉시 중단해야 합니다.

5

러너의 영양 관리

퇴근과 러닝 사이의 시간에 섭취하면 좋은 음식, 음료를 추천합니다. 단백질바, 단백질 음료, 바나나 모두 편의점에서 구할 수 있습니다.

▋ 평소 식단

바쁘게 살아가는 현대인들.. 직장 업무, 퇴근 후 운동, 저녁 모임과 회식 등 다들 많이 바쁘시죠? 그래서 더욱 현실적인 조언을 해드리겠습니다. 언제 어디서든 바로 찾을 수 있는 편의점을 활용해 봅시다!

아침

유난히 아침만 되면 게을러지는 성향 때문에, 전 아침은 오트밀 우유와 퀵오트로 시리얼 먹듯 한 그릇 잘 말아먹습니다! 거기에 부족한 단백질은 랭킹닭컴에서 대량 구매한 냉동 닭가슴살을 전자레인지에 해동을 해서 아침 준비부터 식사, 설거지까지 5분 컷! 바쁜 현대인이라고 광고하면서 살기 때문에 전 아침은 늘 이렇게 간단하게 먹습니다!

점심

점심은 대부분 사회생활 중에 먹는 식사죠! 동료들과 같이 점심을 먹어야 한다면, 최대한 덜 짜게 먹고 자극적인 음식은 되도록 피합니다! 또한 눈치를 적당히 보면서 편의점에서 판매하는 닭가슴살 100g을 추가로 꼭 섭취합시다! 한식은 대개 단백질이 조금 부족한 게 아쉬운 점이니까요! 물론 저는 개의치 않고 여름부터 가을 시즌 내내 도시락을 준비해서 출근하고 있습니다! 요즘엔 간편식도 참 잘 나와서 한 끼 단백질 볶음밥 등 여러가지 가성비와 맛 모두 잡은 제품들이 쏟아져 나와 그야말로 단백질의 춘추전국 시대라 할 수 있겠습니다!

저녁

대부분의 러너들은 퇴근 후 러닝크루 모임에 참여하거나 공복 상태로 러닝을 합니다. 식사 후 바로 러닝을 하면 소화에 좋지 않고 복부에 통증을 유발할 수 있으므로, 이런 방법은 추천하지 않습니다.

배가 고픈 상태에서 러닝을 해야 하는 상황이라면 어떻게 하는 것이 좋을까요? 이때는 편의점에서 바나나 1개와 단백질바, 그리고 500ml 이하의 적당한 양의 수분을 섭취하는 것이 좋습니다. 생수나 전해질이 풍부한 코코넛워터를 추천합니다. 하지만 저는 러닝 최소 30분 전 포카리스웨트 한 캔 마시고 러닝을 합니다.

물론 대부분의 일반인 러너들이 퇴근 후 러닝을 주로 하기 때문에, 미리 먹을 수 있다면 저녁은 러닝 전 최소 1~2시간 전에는 미리 드시는 게 좋습니다. 역시 과식은 금물!

바쁜 현대인 러너들을 위한, 퇴근 후 러닝 모임 전 섭취 메뉴 추천 런주호 one pick

▌ 편런스토랑!

- 하루견과, 단백질 에너지바

  수분 & 전해질 보충: 포카리스웨트, 코코넛워터, 더단백 쉐이크

- 섭취 타이밍 & 개인차 고려: 러닝 30분~1시간 전에 적당량 섭취, 개인의 소화 능력과 식습관에 따라 메뉴 선택

▌ 러닝 거리별(대회 날 포함) 영양 관리

5~10km

- 평소 식단과 동일하게 섭취합니다.

- 특별하게 부담을 갖거나 불안해 하지 않아도 되는 거리입니다. 다만 배탈 나지 않을정도까지만 신경써주세요!

하프마라톤(21.1km)

- 대회 2-3일 전부터 탄수화물과 수분 섭취를 늘려줍니다. 탄수화물은 에너지원으로 중요하며, 수분은 체온 조절과 근육 기능에 필수적입니다.

- 대회 전날 저녁에는 소화가 잘되는 탄수화물 식사를 하는 것이 좋습니다. 전 빵을 좋아하기 때문에 베이글을 2~3개 먹습니다!

풀마라톤(42.195km)

- 하프마라톤 영양 관리 내용을 조금 더 장기간 꾸준히 실천합니다.

- 대회 일주일 전부터 카보로딩을 시작합니다. 카보로딩은 체내 글리코겐 저장량을 늘려 지구력 향상에 도움을 주는 방법입니다.

- 카보로딩 방법은 다음과 같습니다.
- 저탄수 고단백 식단(대회 7일 전): 체내 글리코겐 저장량을 감소시킵니다.
- 무탄수 고단백 식단(대회 3일 전): 체내 글리코겐 저장량을 최소화합니다.
- 고탄수화물 식단(대회 2일 전): 체내 글리코겐 저장량을 최대화합니다.

- 대회 당일 아침에는 소화가 잘 되는 흰 쌀밥 200g정도와 바나나를 섭취하고, 충분한 수분을 대회 출발 전까지 나눠서 약 1L정도를 섭취합니다.

- 대회 중간에는 에너지 보충을 위해 보급포인트에서 주는 스포츠음료, 에너지바, 과일 등을 섭취합니다.

- 대회 후에는 빠른 근육 회복을 위해 단백질과 탄수화물을 지방등을 골고루 섭취합니다.

대회 전 평소와 다른 식습관이나 생활 습관은 대회 당일 컨디션을 엉망으로 망칠 수 있으니 평소 해왔던 대로 하면 됩니다!

▌주의 사항

- 개인의 체질, 운동량, 목표에 따라 영양 관리 방법은 달라질 수 있습니다.

- 자신에게 맞는 영양 관리 방법을 찾기 위해 전문가와 상담하는 것이 좋습니다.

- 운동 전후 과식하지 않도록 주의해야 합니다.

- 운동 중에는 저혈당 증상을 예방하기 위해 간식을 챙겨 먹는 것이 좋습니다. 단, 먹은 후 발생한 쓰레기는 반드시 주머니에 넣어 갑니다!

쿨다운

　나를 포기했던 밑바닥에서부터 지금의 런주호가 되기까지, 참 많은 일들이 있었습니다. 좋은 일, 기쁜 일, 힘들고 슬펐던 일을 경험하며 느낀 많은 감정들, 주변으로부터 받은 사랑과 관심, 그리고 에너지를 이 시대를 살고 있는 보통의 독자들에게 꼭 공유해 주고 싶은 마음에, 글쓰기를 제대로 배우지도, 해본 적도 없는 부족한 제가 이 책을 집필하게 되었습니다.

　처음부터 누군가에게 커다란 도움이 되고자 했던 마음이 있었던 건 아닙니다. 서두에서 말씀드린 것처럼, 살고 싶은 마음이 가장 컸습니다. 살고 싶어서 지난 5년간 마라톤처럼 묵묵히, 천천히, 조금씩 나만의 레이스를 달려왔습니다. 그러면서 쌓인 제 경험들을 통해 문득 누군가에게 내 경험이 조금이나마 도움이 되었으면 하는 마음이 생겼습니다. 단 한 명에게라도 저의 마음이 닿는다면 생업과 공부, 그리고 여러 활동을 병행하면서 책을 쓰기 위해 밤잠을 설쳤던 시간들의 피로가 눈 녹듯 사라지면서 동시에 이 책과 이야기들은 저에게도 평생 큰 선물로 남을 것입니다.

어렸을 때부터 운동은 제게 낯선 존재였습니다. 체육 시간마다 돋보인 적도 없었고, 늘 컴퓨터 게임과 놀았습니다. 운동은, 특히 러닝은 할 때마다 숨이 막히고, 온몸이 아프고, 지루해서 정말 싫었습니다.

30대가 되고 번아웃이 오고 나서야 저는 제 삶을 바꾸고 싶었습니다. 나약하고 겁 많은 자신을 극복하고 싶었습니다. 그리고 더 나은 사람이 되고 싶었습니다. 그래서 저는 계속 걷기에서부터 시작했습니다. 처음에는 천천히, 조금씩만 걸었습니다. 귀찮고 힘들 때마다 포기하고 싶었지만, 그냥 묵묵히 문밖을 나섰습니다. 그러자 시간이 지날수록 점점 싫어하는 마음보다 좋아하는 마음이 커졌습니다. 러닝할 때, 더 이상 숨이 막히지 않았고, 몸도 아프지 않았습니다. 그리고 마침내, 달리는 것이 즐거워졌습니다.

마라톤을 시작했습니다. 5km, 10km, 21km 그리고 42.195km. 풀코스 마라톤은 상상 이상으로 정말 쉽지 않았습니다. 하지만 포기하지 않았습니다. 할 수 있다는 믿음 덕분이었습니다. 그리고 마침내 풀코스 마라톤을 완주한 순간, 제 삶의 새로운 시작을 느꼈습니다. 삶의 모든 것이 저에겐 마라톤으로 다가왔습니다. 삶이라는 길은 혼자 가는 게 아니라 나를 사랑해 주는, 내가 사랑하는 사람들과 함께 가는 것임을 깨달았습니다.

'혼자 가면 빨리 갈 수 있지만, 함께 가면 멀리 갈 수 있다.'

이 책을 통해 여러분에게 '포기하지 말고 꾸준히'라는 메시지를 전하고 싶습니다. 어려움에 직면했을 때, 쉽게 포기하지 마세요. 항상 힘들더라도 한 걸음만 더 나아가보세요. 동시에 무리하지 않길 바랍니다. 그러면 여러분도 반드시 어떤 일이든 '완주'할 수 있게 됩니다. 여러분이 모두 행복하고 건강한 삶을 살기를 바랍니다. 여러분의 모든 목표를 이루기를 바랍니다. 그리고 계속 더 많이 배우고 더 성장해서 '남' 주겠습니다!

지금 바로 책을 덮고 일어나세요. 운동복을 입고 밖으로 나가세요. 걸어보세요. 그리고 천천히 러닝을 해보세요. 처음에는 천천히, 조금씩만 달려도 됩니다. 부족하지만 진심을 눌러 담은 이 책을 읽어주셔서 감사합니다. 여러분 모두 행복하고 건강한 삶을 살아가시길 바랍니다.

런주호, 서주호

2024년 12월 16일

Thanks to,

에필로그를 빌어 특별히 감사함을 전하고 싶습니다. 평생 사랑만을 주시는 나의 부모님 서석현, 장미순 권사님, 고집 쎈 동생을 사업 파트너로 인정해 주고 묵묵히 이끌어주는 친형 서동원, 또 그 형의 든든한 지원군이자 항상 밝고 사랑넘치는 이진영 형수님, 그리고 항상 이쁜 나의 조카 현우 지우, 우리 가족 모두 사랑합니다.

함께 마라톤 열심히 준비한 진짜 러너 기안84 희민, 런콥 대표 육상해설위원 박명현 감독님, 길오 코치님, 용옥코치님, 치원코치님, 최강야구로 제2의 전성기 서동욱, 진짜 성품 좋은 작가 진성작가님, 사회공헌에 힘쓰는 업드림코리아 지웅대표님, 힘들 때나 기쁠 때 좋은 믿음의 기도를 해주신 청운교회 이필산 담임목사님, 웨이트트레이닝의 세계로 인도해 준 사단법인 스토크 김진언대표님, 항상 묵묵히 옆에서 매니저 역할 자처해주는 형 같은 동생 기원, Anton, 잘생긴 카페사장님 구, 20년넘게 한결같은 친구 영석, 절친 서영, 항상 든든한 지상형님, Real brother Tum, 영국남자 Gabriel, 도넛PT 민우대표님, 대성할 로운, 발전하는 KSPO지도사 동료 현직, 건하, 윤원, 수연, 한나, 소영, 민희, 해니, 상현, 규환형, 종규, 은수, 시진, 연예인 달리기 1등이자 중간에 달리기를 다시 포기할 때 나를 잡아준 하나님의 자녀 고배우 한민형님, 천만배우 선규형님, 성규배우님, 마라닉TV 올레 재진형님 경희형님 감사할 사람이 너무 많아 지면으로는 못담겠습니다.

마지막으로 북티베이션 안성주 대표님의 컨설팅이 없었다면, 이 책은 머릿속에서만 있었을 뿐 세상에 태어나지 못했을 것입니다. 그리고 하나님께 감사합니다.

여러분 KEEP RUNNING!!!

꾸준히 달려왔고 즐겁게 더 달리겠습니다.

모두를 위한 러닝

초판 1쇄 | 2024년 12월 16일
발행　　 | 2024년 12월 16일

지은이　 | 서주호
기획　　 | 북티베이션
출판사　 | 비엠북스

가격　　 | 18,500원
ISBN　　 | 979-11-990436-0-2

책쓰기 컨설팅 문의 Instagram/book.tivation
피트니스 대표와 강사들을 위한 하이엔드 브랜딩, 북티베이션